Inhalt

Vorwort

Zur Reihe

»Unterricht Geschichte« soll helfen, einen lebendigen, schülerorientierten Unterricht zu gestalten.
Die Reihe erleichtert dem Lehrer die Vorbereitung, indem sie

- im Abschnitt »Basiswissen« die wichtigsten Fakten vermittelt,
- didaktische Hinweise und methodische Hilfen bietet und
- Materialien für den Unterricht bereitstellt.

Der Aufbau der Reihe orientiert sich an den in den Bundesländern erschienenen Richtlinien, die trotz aller Unterschiede im einzelnen in zwei didaktische Entscheidungen übereinstimmen: Grundlage für den Aufbau des Geschichtunterichts in der Sekundarstufe ist die Chronologie, der »Durchgang durch die Geschichte«. Daneben stehen aber auch – je weiter der Geschichtsunterricht fortschreitet, desto mehr – thematische Kapitel.

Dieser Zweiteilung trägt »Unterricht Geschichte« Rechnung: Die Reihe macht die Geschichte »von ihren Anfängen bis zur Gegenwart« zum Inhalt von 15 Heften, und sie greift wichtige historische Themen in voraussichtlich 8 Heften auf.

Unterricht GESCHICHTE

Themen · Materialien · Medien

Reihe B · Band 1:
Geschichte des Islams bis zur Türkischen Revolution

Autoren:
Hans Georg Kirchhoff · Maria Blochmann

Herausgeber:
Hans Georg Kirchhoff · Klaus Lampe

Wissenschaftlicher Redakteur:
Ulrich Lemke

Aulis Verlag
Deubner & Co KG

Die Deutsche Bibliothek – CIP-Einheitsaufnahme

Kirchhoff, Hans Georg:
Geschichte des Islams bis zur Türkischen Revolution / Autoren:
Hans Georg Kirchhoff ; Maria Blochmann. - Köln : Aulis-Verl.
Deubner, 1994
(Unterricht Geschichte : Reihe B ; Bd. 1)
ISBN 3-7614-1533-8
NE: Blochmann, Maria:; Unterricht Geschichte / B

Unterricht Geschichte · **Reihenübersicht:**

Reihe A

Band 1: Ur- und Frühgeschichte (erscheint 1994)
Band 2: Frühe Hochkulturen
Band 3: Griechenland (in Vorbereitung)
Band 4: Rom
Band 5: Spätantike und Frühmittelalter
Band 6: Hoch- und Spätmittelalter
Band 7: Entdeckungen und Kolonialismus (in Vorbereitung)
Band 8: Das Zeitalter der Glaubenskämpfe
Band 9: Absolutismus
Band 10: Französische Revolution
Band 11: Liberalismus und Nationalstaat
Band 12: Imperialismus und Erster Weltkrieg
Band 13: Die Weimarer Republik
Band 14: Nationalsozialismus
Band 15: Bundesrepublik und DDR bis 1990

Reihe B

Band 1: Geschichte des Islams bis zur Türkischen Revolution (erschienen)
Band 2: Die Vereinigten Staaten von Amerika
Band 3: Rußland/Sowjetunion
Band 4: Der Nahe Osten
Band 5: »Dritte Welt«
Band 6: Geschichte der Frau
Band 7: Umweltgeschichte
Band 8: Europa

An der Reihe arbeiten folgende Autoren mit:

Dr. *Maria Blochmann*,
Lehrerin i. R., Marl

Prof. Dr. *Hans Georg Kirchhoff*,
Universität Dortmund

Dr. *Otti Knepper-Babilon*,
Meschede

Dr. *Herbert Kraume*,
Gymnasium Freiburg

Prof. Dr. *Horst Kuss*,
Universität Göttingen

Prof. Dr. *Klaus Lampe*,
Universität Dortmund

Dr. *Erika Münster-Schröer*,
Stadtarchiv Ratingen

Dr. *Gerhard E. Sollbach*,
Universität Dortmund

Anja Wieber-Scariot,
Universität Bochum

Best.-Nr. 8331

Umschlaggestaltung: Atelier Warminski, Büdingen
Titelfoto: © Bildarchiv Huber, Garmisch-Partenkirchen
Satz: Druckerei Hermann Siebel, 51789 Lindlar
Druck und Verarbeitung: Druckerei Plump KG, Rheinbreitbach
ISBN 3-7614-1533-8

A Einleitung

Der Islam im deutschen Geschichtsunterricht

Die Geschichte des Islam und der islamischen Völker ist traditionell nur bruchstückhaft im deutschen Geschichtsunterricht vertreten. Einen festen, wenn auch in der Regel nur knapp bemessenen Platz nehmen in den meisten Lehrplänen und Unterrichtswerken lediglich die ersten Jahrhunderte ein: die Begründung der neuen Religion durch Mohammed, die Ausbreitung des Arabischen Reiches und die Entstehung der islamischen Hochkultur des Mittelalters.

Die meisten Lehrpläne und Richtlinien bieten jedoch den Rahmen für die Behandlung auch anderer Themen der islamischen Geschichte. So findet die Konfrontation Mitteleuropas mit dem Osmanischen Reich, die im Kampf um Wien 1683 gipfelte und in ihren Folgen bis heute nachwirkt – z.B. im jugoslawischen Bürgerkrieg 1991/93 –, ihren Platz bei der Behandlung des europäischen Staatensystems der Frühen Neuzeit. Der »Kranke Mann am Bosporus« gehört in die Geschichte des europäischen Kolonialismus des 19. Jahrhunderts.

Mit der Entstehung der modernen Türkei nach dem Ersten Weltkrieg begann für die spannungsreiche Beziehungsgeschichte zwischen Okzident und Orient eine neue Phase. Deshalb schließt das vorliegende Heft mit den Reformen Atatürks; die Weiterführung der erneuten Konfrontation bis zur Gegenwart wird Thema eines Heftes sein, das die Nahostkonflikte im 20. Jahrhundert zum Gegenstand hat.

Insgesamt ist zu konstatieren, daß dem Themenkreis Islamische Geschichte im deutschen Geschichtsunterricht – abgesehen vom Mittelalter – nicht die Aufmerksamkeit geschenkt wird, die ihm unter dem Gesichtspunkt des Gegenwartsbezuges zukommt. Das hängt mit der langwierigen und mühsamen Genese dieser Unterrichts-Vorgaben zusammen, die sie oft schon zum Zeitpunkt ihres Erscheinens veraltet sein lassen. Das vorliegende Heft soll deshalb dem Lehrer helfen, aus den Erfordernissen der Gegenwart heraus selbständig neue Schwerpunkte seines Unterrichts zu setzen.

Die unmittelbare Begegnung mit dem islamischen Kulturkreis gestaltete sich seit Mitte unseres Jahrhunderts für die westeuropäischen Länder in der Form der Einwanderung, für Deutschland speziell in der des Zuzugs vor allem türkischer Gastarbeiter. Schon das quantitative Ausmaß dieser Immigration – 1991 lebten in den alten Bundesländern 1,6 Millionen türkische Zuwanderer der ersten, zweiten und dritten Generation – zeigt die politische, aber auch pädagogische Herausforderung, die in diesem Faktum steckt. Sie wird verstärkt durch den Umstand, daß sich die Immigranten in den industriellen Ballungsräumen und hier wiederum in bestimmten Stadtteilen konzentrieren, so daß sich deutliche räumliche Schwerpunkte schulischer Problematik herausgebildet haben.

Die heftig umstrittenen pädagogischen Konzeptionen einer bikulturellen Erziehung können an dieser Stelle

Moschee in Bursa, Lithographie von *John F. Lewis*, 1835/6

nicht diskutiert werden. Wenn aber Geschichte zum Verständnis von Gegenwart und zur Gestaltung von Zukunft beitragen kann und soll, so muß der Islam einen höheren Stellenwert im Unterricht erhalten, vornehmlich im Religions-, Politik- und Geschichtsunterricht. Denn neben dem Ethnos ist in allen islamischen Nationen die Religion identitätsstiftend, und sie dürfte bei den Nachkommen der Einwanderer, die sich als Türken, Bosnier oder Marokkaner nicht oder kaum mehr über die Sprache identifizieren können, weil sie sprachlich Deutsche geworden sind, noch für lange Zeit den zentralen Unterscheidungsfaktor darstellen – unterscheidend zu einer mehr oder weniger christlichen, sehr stark säkularisierten Umwelt.

Zur Schreibung arabischer und türkischer Namen und Begriffe

Die korrekte Transkription des arabischen Alphabets stellt nur schwer zu überwindende Hindernisse bereit; ihre Beachtung wäre mit derartigen Lese- und Ausspracheschwierigkeiten für Lehrer und insbesondere für Schüler befrachtet, daß ein Verzicht leicht fällt. Aus diesem Grunde wurden für dieses Heft die im Deutschen gängigen Wortbilder verwendet, auch wenn sie in ihrer Lautgestalt dem Arabischen nur annähernd entsprechen.

Einen Sonderfall stellen allerdings »Muslim« und »muslimisch« dar. Die bei uns üblichen Formen »Moslem« und »moslemisch« sind Übernahmen aus dem Englischen, wobei die englische Aussprache unbeachtet blieb. Die von uns gewählten Formen kommen dem Vokalismus des Arabischen näher.

Stets ist auch zu berücksichtigen, daß das klassische Arabisch – wie das Hebräische – sich einer reinen Konsonantenschrift bediente; heute werden die Vokale in der Regel durch diakritische Zeichen notiert. So bildet z.B. die Konsonantengruppe slm (mit der Grundbedeutung Friede), die meist als »salem« vokalisiert wird, das

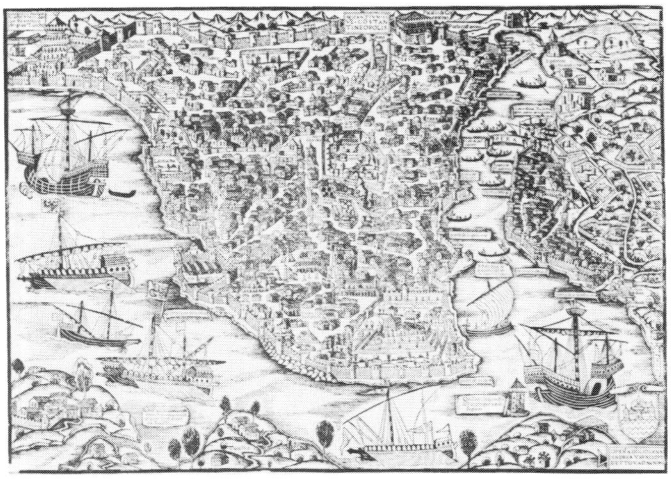

Konstantinopel um 1500. Holzschnitt von *G. A. Vavassore*

Gerüst für »Islam« und »Muslim« ebenso wie für das hebräische »Schalom«.

Die Schreibung der türkischen Namen und Begriffe wird erleichtert durch den von Atatürk 1928 verfügten Übergang vom arabischen zum lateinischen Alphabet. Jedoch sind für das vorliegende Heft seit langem eingebürgerte deutsche Schreibweisen beibehalten worden, auch wenn sie von der heutigen türkischen Norm abweichen.

Sprache und Rasse

Man wird vielleicht bemerken, daß in diesem Heft der Begriff »Semitisch« nicht vorkommt. Das hat klare Gründe. Semitisch ist ein Begriff der Sprachwissenschaft; er bezeichnet eine Gruppe eng miteinander verwandter Sprachen, zu denen neben dem Arabischen das Hebräische, das Phönizische und zahlreiche andere gehören. Er ist jedoch keine Rassenbezeichnung; deshalb ist z.B. der Ausdruck »Antisemitismus«, der uns geläufig ist, denkbar ungeeignet zur Bezeichnung des Antijudaismus, der die europäische Geschichte seit dem Mittelalter durchzieht. Es dürfte wichtig sein, im Unterricht diesen Sachverhalt immer wieder klarzustellen. Israelis wie Palästinenser sind gleicherweise Semiten, ebenso wie weitaus die meisten Europäer sprachlich Indogermanen sind. Über rassische, also biologische Zusammenhänge ist damit so gut wie nichts gesagt.

Das Türkische ist weder mit den semitischen noch mit den indogermanischen Sprachen verwandt. Es gehört vielmehr zu der großen Gruppe der Turksprachen, die vor allem in Mittelasien verbreitet sind (z. B. in den muslimischen Republiken der ehemaligen Sowjetunion). Auch diese Sprachfamilie darf nicht als biologische Einheit verstanden werden. Die Turkvölker gehören zur europiden Rasse und innerhalb derer zu den Armeniden, die wiederum mit dem vor allem in den Alpenländern und auf dem Balkan verbreiteten dinarischen Typus biologisch eng verwandt sind.

Die weitverbreitete Gleichsetzung kulturell (sprachlich oder auch religiös) definierter Gruppen mit biologisch (durch Abstammung) definierten im 19. und frühen 20. Jahrhundert war bekanntlich einer der folgenschwersten Irrtümer der Menschheitsgeschichte: Der Arier-Mythos führte zum Holocaust. Es ist deshalb von größter Bedeutung, im Unterricht zwischen religiösen (in unserem Falle islamischen und christlichen), sprachlichen (arabischen, türkischen, persischen), politischen (z. B. staatlichen) und biologischen (z. B. frühen Stammesgemeinschaften, Clans) zu unterscheiden. Fast alle Völker des europäisch-nordafrikanisch-vorder- und mittelasiatischen Raumes sind, wenn auch in mancherlei Differenzierung, das Ergebnis von vielen Jahrtausenden biologischer Durchmischung. Rassische Kriterien haben bis ins 19. Jahrhundert hinein keinerlei Rolle gespielt.

Frauengeschichte

Ein besonderes Kennzeichen des vorliegenden Heftes ist das Bemühen, die Geschichte der Frau im Kontext der islamischen Geschichte angemessen zu berücksichtigen. Dies entspricht einerseits dem großen Nachholbedarf, den die Geschichtswissenschaft zu erledigen hat; andererseits ist gerade die mindere Rechtsstellung der Frau einer der auffälligsten und problematischsten Züge des heutigen Islams. Vom Kopftuch der türkischen Frauen bis zum schwarzen Tschador der iranischen reicht die Interpretationsbreite einschlägiger Vorschriften des Korans. Wichtiger aber ist der Nachweis, daß der Ausschluß der Frau vom öffentlichen Leben nicht von Anbeginn so rigide gehandhabt wurde, wie dies in den meisten islamischen Ländern heute der Fall ist. Es handelt sich vielmehr um eine historische Entwicklung, durch die das patriarchalische Element des Islam ins Extrem gesteigert wurde und die deshalb prinzipiell durch einen Rückgriff auf die Ursprünge reformierbar ist. Dies erscheint nicht nur für deutsche Schülerinnen wichtig, denen ein Weg zum Verständnis eröffnet werden soll, sondern noch mehr für islamische in unseren Schulen: Ihnen kann die historische Relativierung heutiger Normen Hilfestellung bei ihrem schwierigen Balance-Akt der Identitätsgewinnung geben.

Türkisches Heer. Spätes 16. Jh.

Zur Anlage dieses Heftes

Basiswissen, Chronik und Glossar

Der Abschnitt »Basiswissen« stellt in kompakter Form Informationen bereit, die zum Verständnis des Islam als eines religiösen und politischen Systems und für die Kenntnis der Geschichte der wichtigsten islamischen Völker notwendig sind. Natürlich kann auf knappem Raum keine umfassende Unterrichtung über die uns trotz aller Kenntnisse doch nach wie vor fremdartige Kultur des Islam geboten werden. Daß die »westliche« Sichtweise der Autoren trotz allen Bemühens um Objektivität nicht verleugnet werden kann, ist unvermeidlich.

Chronik und Glossar dienen dem Nachschlagen, enthalten aber auch zahlreiche Zusatzinformationen.

Unterrichtshilfen

In der Regel wird der Lehrer die für die Schüler bestimmten Materialien zusätzlich zum Geschichtsbuch einsetzen. Deshalb ist darauf verzichtet worden, Unterrichtseinheiten zu konzipieren, die angesichts der geltenden Lehrpläne doch nur in seltenen Fällen durchgeführt werden könnten. Inhaltliche Einführungen, didaktische Hinweise, methodische Vorschläge und Aufgabenlösungen sind deshalb so gestaltet, daß das Lernpotential der Materialien auch ohne Bindung an die innere Konzeption des Heftes genutzt werden kann.

Materialien

Sehr häufig mußten Quellentexte, zum Teil stark, gekürzt werden. Die Auslassungen wurden aus didaktischen Gründen in der Regel nicht gekennzeichnet, weil sie den Lesefluß oft zu stark gehemmt hätten. Ohne die Vergleichsmöglichkeit mit den Originalvorlagen sind Auslassungszeichen ohnehin wissenschaftlich wertlos. Daß die Autoren keine sinnentstellenden Kürzungen vorgenommen haben, versteht sich von selbst.

Den meisten Materialien sind *Aufgaben* beigegeben, die der Interpretation der Texte und Bilder dienen oder weiterführende Hinweise enthalten. Dabei wurde auf die Formulierung von vordergründigen Verständnisfragen verzichtet, weil diese sich von selbst im Unterricht einzustellen pflegen bzw. vom Lehrer mühelos gestellt werden können.

Die im Lehrerteil enthaltenen *Lösungen* der Aufgaben geben in der Regel nur die Richtung an, in die sich die Schülerantworten bewegen sollten. Es liegt auf der Hand, daß diese je nach Altersstufe, intellektueller Fähigkeit und Beherrschung des historisch-politischen Vokabulars unterschiedlich elaboriert ausfallen werden. Deshalb sind vom Lehrer auch Annäherungswerte zu akzeptieren.

B Basiswissen

1. Der Islam – Entstehung und zentrale Lehren

1.1 Der Prophet

Im 7. Jahrhundert stiftete Mohammed den Islam, eine der großen monotheistischen Religionen, die heute weltweit etwa 600 Millionen Gläubige umfaßt. Er wurde 570 – einige Forscher datieren seine Geburt auf das Jahr 571 – in Mekka geboren. Nach dem frühen Tod der Eltern übernahm zunächst der Großvater, dann der Onkel die Erziehung des verwaisten Kindes.

Zu dieser Zeit war Mekka eine der wenigen Oasenstädte, die sich durch ihre Lage an den Karawanenstraßen, die die Wüste in nord-südlicher und ost-westlicher Richtung durchquerten, zu reichen Handelsmetropolen entwickelt hatten. Zudem war Mekka auch als kulturelles Zentrum von großer Bedeutung.

Die arabische Halbinsel war im wesentlichen von Beduinenstämmen mit Sippenstruktur und archaischen Lebensformen bewohnt. Die Mehrzahl von ihnen verehrte Naturgottheiten, aber auch Angehörige des jüdischen und christlichen Glaubens waren vertreten.

Da sein Clan zwar einflußreich, aber verarmt war, trat Mohammed in den Dienst der reichen und mächtigen verwitweten Handelsherrin Kadija, die später den um 15 Jahre Jüngeren heiratete. Durch diese Verbindung stieg der spätere Prophet in die begüterten und tonangebenden Kreise Mekkas auf.

Auf seinen Reisen als Karawanenführer lernte Mohammed sowohl die Menschen Arabiens als auch ihre religiösen Vorstellungen kennen. Seine Berufung zum Propheten erfolgte im Jahre 610 durch eine mystische Vision, in der ihm der Engel Gabriel den Willen Allahs offenbarte. Durch Kadijas Zuspruch bestärkt, trat er an die Öffentlichkeit; er griff den Geiz und die Ehrlosigkeit der Reichen an und verkündete die neue Lehre. Damit jedoch zog er sich die Gegnerschaft der ökonomischen und politischen Elite Mekkas zu. Sie zwang ihn zur Auswanderung nach Medina (Hathrib), einer reichen und mächtigen Dattelpalmenoase.

Mit der Emigration Mohammeds *(Hedschra)* am 16. Juli 622 beginnt die islamische Zeitrechnung.

In Medina gewann der Prophet in kurzer Zeit nicht nur religiösen Einfluß, sondern er stieg auch zum politischen Führer der Stadt auf, deren Clans sich als erste in großer Zahl zum Islam bekannten. Aufgrund seiner schnell wachsenden Anhängerschaft konnte Mohammed bereits 630 gegen Mekka ziehen und die Stadt nach längerer Belagerung einnehmen.

Am 8. Juli 632 starb Mohammed. Der von ihm theokratisch regierte Staat von Medina wurde als ideale Staatsform Vorbild für heutige »Islamische Republiken«.

1.2 Zentrale Lehren

In der Sicht des Islams ist Mohammed der letzte in der Reihe der *Propheten*, deren wichtigste außer ihm Abraham, Moses und Jesus sind; mit ihm endet die Verkündigung Gottes an die Menschen. Der Prophet sah sich selbst in der jüdisch-christlichen Tradition, aus der auch wesentliche Elemente seiner Theologie stammen: Monotheismus, Offenbarungsglaube und Heiliges Buch, die Vorstellungen von Weltschöpfung, Jüngstem Gericht, Himmel (Paradies) und Hölle.

Für jeden Muslim ist der *Koran* ein »herabgesandtes Stück göttlicher Weisheit«. Er ist in arabischer Sprache verfaßt und darf eigentlich nicht übersetzt werden. In 114 Suren, die mit Ausnahme der ersten nach abnehmender Länge (also nicht chronologisch) geordnet sind, enthält der Koran die Botschaften, die Mohammed als Offenbarung Allahs verkündete. Zunächst nur mündlich überliefert, wurden einige Suren bereits zu Lebzeiten des Propheten aufgezeichnet, andere später durch Koranzitierer gesammelt und aufgeschrieben.

Jeder, der in arabischer Sprache öffentlich bekennt: »Ich bezeuge, daß kein Gott ist außer Gott; und ich bezeuge, daß Mohammed der Prophet Gottes ist«, gehört zur *Umma*, d.h. zur Gemeinschaft der Gläubigen. Zu den Pflichten eines jeden Muslims gehört: das Bekennen, das Beten, das Fasten, die Wallfahrt nach Mekka und die Abgabe von Steuern. Auf diesen sogenannten »Fünf Säulen« ruht der Islam.

Der Koran ist für die Muslime nicht nur die Quelle ihres Glaubens, sondern auch die Richtschnur ihres Handelns. Darüber hinaus soll er die staatliche Ordnung, die Struktur der Gesellschaft und die Rechtsprechung regeln.

Neben dem Koran ist die *Sunna* des Propheten, d.h. die in den Hadith gesammelten Aussprüche und Handlungen Mohammeds, richtungsweisend für alle Fragen, die im Koran nicht verbindlich geregelt sind. Die Hadith, die erst nach dem Tod Mohammeds vor allem durch die Prophetengefährten gesammelt und aufgeschrieben wurden, bestehen aus einer Überlieferungskette und dem eigentlichen Text. 90 % der Muslime bekennen sich zur Sunna des Propheten und nennen sich deshalb *Sunniten*, d.h. »Leute der Sunna und der Gemeinschaft«.

Die *Schiiten*, eine islamische Glaubensgemeinschaft, die aus dem Kampf um die Nachfolge des Propheten zwischen der einflußreichen Oberschicht Mekkas und den Nachkommen seines Schwiegersohns Ali entstand, akzeptieren zwar den Koran, erkennen aber nur solche Hadith-Sammlungen an, die eindeutig auf Ali und seine Anhänger zurückzuführen sind. Für die Schiiten legitimiert sich der Führer aller Muslime durch seine Verwandtschaft mit Mohammed und durch seine charismatische Ausstrahlung als unfehlbarer *Imam*.

1.3 Die Stellung der Frau nach dem Koran

Die soziale und rechtliche Stellung der Frau im präislamischen Arabien hatte sich bereits vor der Islamisierung der Nomadenstämme grundsätzlich gewandelt. Aus der einst matrilinear strukturierten Gesellschaft hatte sich im Laufe der Zeit ein ausgeprägtes Patriar

Peri (Engel) als Mundschenk im Paradies, Türkisch, um 1570/80

chat gebildet. Frauen waren in diesem System weder materiell abgesichert noch rechtlich geschützt. Die Ehe entsprach einer Abmachung im Sinne eines Kaufvertrages. Da es nach altorientalischem Recht den Begriff des Eigentums nicht gab, sondern lediglich ein Herrschaftsrecht an Sachen, wurde damit die Frau eindeutig als Sache definiert.

In dieser Gesellschaft dokumentierte sich die Ehre des Mannes ausschließlich in der Zahl der von ihm gezeugten Söhne; unerwünschte weibliche Nachkommen wurden im Wüstensand vergraben.

Der Islam wertete die Stellung der Frau insofern auf, als die Ehe nun zu einer festen Institution mit sakralem Charakter geworden ist und die Morgengabe, d.h. das Geschenk des Mannes an die Frau anläßlich der Eheschließung, auch nach einer Scheidung das frei verfügbare Eigentum der Frau bleibt. Der Mann darf nach dem Koran zwar bis zu vier Frauen heiraten, aber nur dann, wenn er sie alle gleich versorgen und behandeln kann. Außerdem gilt das Töten neugeborener Mädchen nun als schwere Sünde.

Grundsätzlich richtet sich die soziale und rechtliche Stellung der muslimischen Frau nach den im Koran festgeschriebenen islamischen Normen und Wertvorstellungen. Dazu gehört vor allem die strikte Trennung der Geschlechter und eine ebenso strikte Hierarchie. »Die Männer stehen über den Frauen«, heißt es in der 4. Sure. Der Mann besitzt das absolute Verfügungsrecht über die Frau; die Frau hat die Pflicht zum unbedingten Gehorsam. Im Erbrecht und bei der Zeugenaussage werden der Anteil bzw. das Wort des Mannes doppelt so hoch eingestuft wie die einer Frau.

In der islamischen Ethik nimmt die Keuschheit eine hervorragende Stellung ein. Sexualität ist nur in der Ehe erlaubt. Die Ehre des Mannes manifestiert sich im untadeligen Lebenswandel seiner Frau. Verstößt sie gegen das Keuschheitsgebot, ist der Mann nicht nur zur Trennung, sondern auch zur körperlichen Züchtigung berechtigt.

Die Verschleierung der Frau ist im Koran nicht verbindlich vorgeschrieben. Um jedoch nicht als »gewaltige Verführerin« zu gelten, hat sie ihre Reize zu bedecken.

1.4 Die Frau im Frühislam

Im Leben des Propheten wie bei der Ausbreitung des Islams spielten Frauen eine größere Rolle als allgemein bekannt. Kadija, Mohammeds erste Frau, stellte Mohammed die finanziellen Mittel zur Verbreitung des neuen Glaubens zur Verfügung. Ihre Nachfolgerin Aischa, eine intelligente Frau mit einem ausgeprägten Gedächtnis, war maßgebend an der Redaktion des Korans beteiligt und führte nach Mohammeds Tod den Kampf um die Verbreitung des Islams weiter. Als sie im Alter von 64 Jahren starb, wurde sie an der Seite Mohammeds beigesetzt.

Der Rang als »Mutter der Muslime«, den Aischa bei den Sunniten einnimmt, wird Mohammeds Tochter Fatima bei den Schiiten zugesprochen. Nach ihr ist nicht nur die Dynastie der Fatimiden, die von 909 bis 1171 in Ägypten regierte, benannt, sondern sie wurde sogar von Mohammed selbst in eine Position erhoben, die nach arabischer Tradition nur männlichen Nachkommen zustand.

Als Ideal der islamischen Frau schlechthin ist sie heute vor allem für die Muslimin schiitischer Glaubensrichtung die Verkörperung der selbstbewußten, mutigen und engagierten Kämpferin für den Glauben.

Die Frau im Frühislam war weder auf die Rolle der grundsätzlich Unterdrückten noch auf den Status der Unmündigkeit festgelegt. Sie ließ sich nicht aus der Öffentlichkeit und hinter den Schleier verbannen. Erst in den nachfolgenden Jahrhunderten verloren muslimische Frauen ihre Entfaltungsmöglichkeiten und gerieten zusehends unter männliche Bevormundung.

2. Das arabisch-islamische Reich

2.1 Eroberung und Islamisierung

In wenigen Jahrzehnten nach dem Tode Mohammeds breitete sich der Islam nicht nur über die gesamte arabische Halbinsel und alle angrenzenden Regionen aus; er drang auch über Nordafrika hinaus bis an die Grenze des fränkischen Reiches vor. Mit der Expansion des Islams vollzog sich zugleich die Konstituierung des arabischen Großreiches.

Grundlage dieses Reiches war die von Mohammed entwickelte Idee einer nicht mehr auf Blutsverwandtschaft, sondern auf der religiösen Gemeinschaft aufbauenden politischen Ordnung, die sich jedoch nur langsam und unter großen Widerständen der Stammesaristokratie durchsetzte.

Das Phänomen der arabischen Reichsbildung beruhte vor allem auf dem Sendungsbewußtsein der frühen Anhänger Mohammeds und dem absoluten Geltungsanspruch eines eindeutigen Monotheismus, zu dessen Verbreitung auch kriegerische Mittel eingesetzt werden durften und sollten. In der Regel erzwangen die Muslime jedoch keinen Übertritt zum Islam, sondern gestanden den unterworfenen Juden und Christen die freie Ausübung ihrer Religion zu.

Der mit dem Amt des *Kalifen* verbundene Anspruch eines zugleich geistlichen und weltlichen Oberhauptes aller Muslime war der schwächste Punkt in der Struktur des Imperiums. Die schon bald nach Mohammeds

Tod beginnenden Auseinandersetzungen um das Kalifat zwischen seinen direkten Nachfolgern in Medina und den einflußreichen Clans in Mekka eskalierten in Morden, Aufständen und Bürgerkriegen und führten schließlich zur Übernahme des Amtes durch die Dynastie der Omaijaden und zur Verlegung der Residenz nach Damaskus, später, unter den *Abbassiden*, nach Bagdad.

Zur Verwaltung des riesigen Reiches bedienten sich die Kalifen immer stärker alter byzantinischer und persischer Verwaltungs- und Herrschaftsstrukturen. So wandelte sich das Kalifat allmählich zu einer Monarchie in der Tradition orientalischer Despotien. Tiefverwurzelte Regionalismen, die sich schon bald nach der arabischen Eroberung geltend machten, ließen das Reich (seit dem 9. Jh.) in viele mittlere und kleine Staaten zerfallen, deren Statthalter *(Sultane)* sich selbständig machten und das Kalifat in Bagdad nur noch nominell oder gar nicht mehr anerkannten.

2.2 Wirtschaft und Kultur im Mittelalter

Der enorme Reichtum der Islamischen Welt des frühen Mittelalters basierte auf einem hochentwickelten städtischen Gewerbe und einem umfangreichen Fernhandel. Handwerkliche Erzeugnisse im Bereich der Textilherstellung, der Leder-, Glas- und Metallverarbeitung erreichten ebenso wie die Produktion von Seifen, Parfüms, Farben und Papier ein hohes Niveau. Vor allem als Umschlagplätze für Luxusgüter aus dem Osten, dieornehmlich nach Europa exportiert wurden, erlangten die arabischen Staaten eine große Bedeutung. Dadurch entstand eine wohlhabende Schicht von Kaufleuten, an deren Reichtum auch der Staat durch Steuern und Zölle partizipierte.

Eines der wichtigsten Elemente der Wirtschaft war die Sklavenarbeit. Ein Muslim durfte zwar nicht versklavt werden, jedoch blieb ein als Sklave geborener Muslim auch weiterhin in seinem angeborenen Status. Das Kontingent an Sklaven wurde durch Handel, Kriegszüge und sogar »Sklavenjagden« bis in unser Jahrhundert hinein ständig aufgefüllt.

Die Leistungen der islamischen Kultur beschränkten sich keineswegs auf die Übernahme griechisch-byzantinischen Wissens, sondern bestanden auch in dessen nachdrücklicher Weiterentwicklung. Durch die Leidenschaft der Muslime für alles Geschriebene füllten sich riesige Bibliotheken mit antiker Literatur. Bücher wurden sogar als Reparationszahlungen angenommen, und nicht zuletzt waren sie das Statussymbol für den gebildeten Araber. In der Mathematik, den Naturwissenschaften und der Technik, in der Astrologie und Astronomie sowie in der Medizin und Pharmazie erreichte die Wissenschaft ein hohes Niveau.

Eine eigenständige islamische Kunst entwickelte sich relativ spät auf der Grundlage byzantinischer, römisch-hellenistischer und persischer Einflüsse. Vor allem in der Baukunst zeigen sich diese Einflüsse sehr deutlich. Sie manifestieren sich in Säulenhallenmoscheen, einer filigranen Ornamentik, Spitzbögen als rein dekorativen Elementen und dem Bau monumentaler Tore als Ausdruck der Macht.

Der Entwicklung von Malerei und Plastik stand das rigorose Bilderverbot des orthodoxen Islams entgegen, das zwar nicht von Anfang an galt, jedoch bald – bis auf wenige Ausnahmen, z.B. in Persien – figürliche Darstellungen untersagte. Stattdessen entwickelten sich die Ornamentik (Arabeske) und die Kalligraphie zu höchster Blüte.

Musterschema für einen Teppich. Türkisch, um 1600

Charakteristisch für die islamische Literatur sind Erzählungen, z.B. Märchen oft persischen Ursprungs, und Dichtungen, die singend und von einfachen Musikinstrumenten begleitet vorgetragen wurden. In dieser Literaturgattung waren Frauen anerkannte und geschätzte Dichterinnen und auch Interpretinnen.

In die sehr einfach strukturierte Religion Mohammeds konnten bald philosophische und religiöse Traditionen der hellenistischen und orientalischen Welt einströmen. So bildeten sich vielfältige Lehrgebäude synkretistischer Art, die auch dem einfachen Volk zu vermitteln waren. Die Folge war – insbesondere bei den Muslimen schiitischer Glaubensrichtung – die Bildung zahlreicher Sekten, Geheimbünde und mystischer Bruderschaften, was wiederum zu oft blutigen Auseinandersetzungen führte.

Ausschlaggebend für Stagnation und Verfall der mittelalterlichen arabisch-islamischen Kultur wurden schließlich machtpolitische und ethnische Verschiebungen sowie das Vordringen der Türken und die Mongolenstürme des 13. und 14. Jahrhunderts.

2.3 Muslime, Juden und Christen in Spanien

Im Jahre 711 hatte der Berber Tarik die Meerenge von Gibraltar überquert und bald darauf die Grenzen des Frankenreiches erreicht. Schon 715 war fast die gesamte iberische Halbinsel eine Provinz des Kalifats von Damaskus.

732 stoppte Karl Martell das Vordringen der Araber in der Schlacht bei Tours und Poitiers. Bis auf einige Nordprovinzen wurde Spanien nun fester Bestandteil des arabisch-islamischen Großreiches. Gegen Ende des 10. Jahrhunderts erhob sich das 756 gegründete *Emirat* von Córdoba zu einem eigenen Kalifat.

In Spanien trafen die Muslime auf die schon christianisierten Westgoten, Romanen und strenggläubige Juden. Sie unternahmen keine Missionierungsversuche, sondern tolerierten die religiöse Überzeugung der Unterworfenen. Moscheen, Kirchen und Synagogen standen friedlich nebeneinander. Muslime, Christen und Juden regelten ihre religiösen Angelegenheiten selbst und hatten ihr eigenes Recht.

Zu einem großen Problem wurden jedoch die *Mozaraber*, Westgoten und Romanen, die zwar arabische Sitten angenommen hatten, sich arabisch kleideten und ihr Leben am Beispiel gebildeter Muslime ausrichteten, aber trotzdem gesinnungsfeste Christen blieben. Eine ständige Unruhequelle bildeten auch christliche Sklaven, die aus sozialen Gründen zum islamischen Glauben konvertierten, jedoch heimlich an ihrem alten Glauben festhielten.

2.4 Höhepunkte islamischer Kunst in Spanien

Kein europäisches Land ist so von islamischer Kultur geprägt wie Spanien. Städte mit engen Straßen und Häuser mit prächtigen Innenhöfen zeugen ebenso wie die Moschee und der Alcázar von Córdoba sowie die Alhambra in Granada, eines der bedeutendsten Denkmäler islamischen Schloßbaus, noch heute von maurischer Architektur und Raumgestaltung.

In Córdoba, das sich im 9. Jahrhundert zu einem kulturellen Zentrum entwickeln konnte, blühten Kunstgewerbe und Wissenschaft. Die Schriften des Aristoteles wurden übersetzt, und Menschen jedweder Nationalität und Religion konnten hier studieren. Arabisch wurde zu einer Weltsprache, und in der Mitte des 10. Jahrhunderts mußte sogar die Bibel ins Arabische übersetzt werden, damit diejenigen spanischen Christen, die keine andere Sprache mehr verstanden, sie lesen konnten. Selbst Alfons VI. (1072 – 1109) von León und Kastilien ließ Münzen mit arabischen Schriftzeichen prägen.

Die Frauen, besonders die der Oberschicht, genossen relativ viel Freiheit. Sie förderten die Künste, vor allem Dichtung und Musik, und wurden aufgrund ihrer Bildung bewundert und verehrt. In der islamischen Mystik Spaniens wurde die Verehrung der Frauen gleichgesetzt mit einer Vollendung der Liebe zu Gott.

Tumor-Operation am Rücken eines Mannes. Türkische Miniatur, 1465/6

2.5 Reconquista

Im 10. Jahrhundert begann auf der iberischen Halbinsel die Rückeroberung der von den Mauren okkupierten Gebiete. Die im Norden entstandenen Königreiche Kastilien, Navarra, Aragon und León waren, ebenso wie die maurischen Fürstentümer im Süden der iberischen Halbinsel, im 10. – 12. Jahrhundert in ständige kriegerische Auseinandersetzungen um ihre Machtbereiche verwickelt. Religiös motiviert waren die Kämpfe zunächst nicht.

Erst die zwischen 1160 und 1180 entstandenen geistlichen Ritterorden von Alcantara, Santiago und Calatrava verliehen der Konfrontation zwischen Christen und Mauren einen starken religiösen Zug, wenngleich die Kämpfe auch nun kaum als Kreuzzüge zur Ausrottung der Ungläubigen betrachtet wurden. Die unterworfenen Muslime spielten im wirtschaftlichen wie im kulturellen Leben Spaniens auch weiterhin eine wichtige Rolle.

Unterstützt von westeuropäischen Kreuzrittern wurden im 13. Jahrhundert Portugal und fast ganz Spanien bis auf den südlichen Teil zurückerobert. Die maurischen Gebiete konnten sich durch Zahlung von Tributgeldern zwar eine begrenzte Existenz erkaufen – das Sultanat Granada immerhin noch für 200 Jahre –, aber generell war die Herrschaft der Mauren gebrochen.

Den endgültigen Sieg über den Islam errangen christliche Heere erst im 15. Jahrhundert, als Isabella von Kastilien und Ferdinand von Aragon durch ihre Heirat die beiden Königreiche vereinigten und das spanische Heer 1492 Granada eroberte. Nun erst wurde der Islam mit allen Mitteln bekämpft. Die zwangsbekehrten *Mauren*, nun *Moriscos* genannt, wurden schließlich ebenso rechtlos wie die Juden, die, ebenfalls zwangsbekehrt, von der Inquisition rigoros verfolgt wurden. 1609 mußten sie endgültig das Land verlassen.

3. Türkische Expansion

3.1 Wanderungen turkmenischer Stämme

Im 6. Jahrhundert wird der Name »Türk« zum erstenmal in der Geschichte erwähnt. Turkmenische Reiternomaden, die ursprünglich in den Steppen West- und Mittelasiens und im Altai beheimatet waren, verließen ihre angestammten Gebiete und gründeten das erste türkische Großreich, das sich von der Mongolei und der Nordgrenze Chinas bis in die Steppengebiete nördlich des Schwarzen Meeres erstreckte, aber schon bald von chinesischen Truppen zerschlagen wurde.

Nach ihrer Islamisierung gründeten einige Stämme im 10. Jahrhundert in Afghanistan und im Ostiran ein türkisch-islamisches Reich, das unter dem Ansturm der Mongolen im 13. Jahrhundert in viele kleine Emirate zerfiel. Einige gerieten unter mongolische Oberhoheit, andere konnten ihre Selbständigkeit behaupten. Angelockt von den Errungenschaften ihrer zivilisatorisch höher entwickelten Nachbarn und zugleich getrieben durch Nahrungsmangel infolge von Überbevölkerung, drangen die Türken immer weiter in die islamischen Ostgebiete vor.

Von besonderer Bedeutung wurde der Einsatz kriegsgefangener türkischer Sklaven. Aus ihnen rekrutierten Kalifen und Sultane ihre Leibgarde, aber sie setzten sie auch zur Verteidigung des Islams und zur Eroberung neuer Gebiete ein. So konnten sie sogar zu höchsten Ämtern aufsteigen.

Im 12. Jahrhundert sandte der Sultan von Afghanistan seine türkischen Sklaventruppe zu neuen Eroberungen in die Gangesebene. Hier gründete diese das Sultanat von Delhi, dessen erste elf Herrscher als »Sklavensultane« das Land regierten. Zu diesen zählte auch Radija, die trotz aller Vorurteile gegen die Herrschaft einer Frau von ihrem Vater zu seiner Nachfolgerin bestimmt wurde. Radija regierte von 1256 bis 1260 als souveräne Herrscherin das Sultanat Delhi.

Noch wichtiger als die türkisch-muslimische Invasion in Indien wurde die Landnahme ganzer türkischer Stämme in Kleinasien, das in der Folge dauerhaft türkisiert und islamisiert wurde.

3.2 Machtbereiche der Seldschuken

Die erste türkische Dynastie, die eine führende Rolle im Islam übernehmen konnte, war die der aus der Kirgisensteppe stammenden *Seldschuken*. Diese eroberten 1055 Bagdad und zwangen den Kalifen, seine Machtbefugnisse seldschukischen Emiren zu übertragen. Nur noch nominell blieb er das Oberhaupt der Muslime.

Der erste Angriff der Seldschuken richtete sich gegen die schiitischen *Fatimiden*, die von Ägypten aus bereits Syrien und Palästina erobert hatten. Ihren Sturz konnten sie zwar nicht bewirken, aber es gelang ihnen im Jahre 1070, Jerusalem zu besetzen.

Die türkische Hauptstoßrichtung verlagerte sich anschließend gegen das Oströmische Reich. Von Armenien aus wurden Kleinasien und weite Teile des Balkans erobert. Durch immer neue türkische Einwanderungen stieg der Anteil dieser ethnischen Gruppen stetig. Vor allem in Anatolien entstanden geschlossene Siedlungsräume, in denen die Türken ihr traditionelles Brauchtum bewahren konnten. Dazu gehörte auch die relativ liberale Haltung gegenüber Frauen.

Unter dem Ansturm der Mongolen im 13. Jahrhundert zerfiel das Seldschukenreich in einzelne miteinander rivalisierende, z.T. sehr seetüchtige Kleinstaaten, deren bedeutendster das Rum-Seldschukenreich um Konja wurde. Von hier aus gelang es, einzelne Teilfürstentümer wieder zu vereinigen und so den Grundstein für das spätere Osmanische Reich zu legen.

3.3 Die Kreuzzüge

Auslöser für die Kreuzzugsbewegung waren einerseits die sozialen Verhältnisse in Europa, andererseits die Eroberung Jerusalems und Kleinasiens durch die seldschukischen Türken. Damit waren sowohl die Pilgerreisen ins Heilige Land blockiert als auch die Handelswege zwischen Europa und dem Orient.

Von zentraler Bedeutung war Jerusalem, die »Heilige Stadt« der Juden, Christen und Muslime. Alle drei Offenbarungsreligionen hatten hier ihre spezifischen Kultstätten. Der Felsen, auf dem angeblich Abraham seinen Bund mit Gott geschlossen hatte, wurde von den Muslimen mit der sogenannten *Himmelfahrt Mohammeds*, einem visuellen Traumerlebnis des Propheten, in Verbindung gebracht und galt ihnen nach Mekka und Medina als drittwichtigstes Heiligtum. Bereits 688 war über dieser Stätte der Felsendom errichtet worden.

Die bedeutendste Gestalt der Kreuzzüge war zweifellos der Kurde Saladin (1169 – 1193) aus dem Geschlecht der *Aijubiden*. Er vertrieb die schiitischen Fatimiden aus Ägypten und zerstörte das christliche Königreich Jerusalem endgültig.

Die Ablösung der Dynastie der Aijubiden in Ägypten durch die *Mameluken* (1250 – 1517), eine qualifiziert ausgebildete türkische Sklaventruppe, fand während des Kreuzzuges des französischen Königs Ludwig IX. statt. Nach dem Tod des aijubidischen Sultans wählten die Mameluken einstimmig seine Gattin, die türkische Sklavin Saragat ad-Dur, 1250 zu seiner Nachfolgerin. Obgleich ihre Herrschaft nur wenige Monate gedauert hatte, gewann sie, als »Jeanne d'Arc Ägyptens« bezeichnet, Jahrhunderte später im Rahmen der Bildung des ägyptischen Nationalstaates als Identifikationsfigur Bedeutung. Die mit einer Frau beginnende Herrschaft der Mameluken führte zur Rückeroberung ägyptischer Hafenstädte, zur Vertreibung französischer und englischer Kreuzzugsheere aus Ägypten und zur Emigration der christlichen Könige von Jerusalem nach Zypern.

Eine wichtige Konsequenz der Kreuzzüge war die Erneuerung des Gedankens eines »Heiligen Krieges«. Sowohl von Christen als auch von Muslimen propagiert, führte er zur Verschärfung der Auseinandersetzungen und zur weitgehenden Zerstörung des »Heiligen Landes«.

Für das christliche Europa hatten die Kreuzzüge sowohl in kultureller als auch in wirtschaftlicher Hinsicht weit weniger Bedeutung, als in der historischen Forschung früher angenommen wurde. Die islamische Welt selbst tangierten die Kreuzzüge nur peripher. Ihre Interessen erstreckten sich eher auf den kleinasiatischen Raum und den Vorderen Orient.

3.4 Das Ende des Byzantinischen Reiches

Das Byzantinische Reich, das sich erfolgreich gegen die Angriffe der Awaren, Slawen und Germanenstämme hatte wehren können, verlor unter dem Ansturm islamischer Heere nach und nach große Teile seines Herrschaftsgebietes. Schon die Seldschuken hatten Byzanz im 12. Jahrhundert große territoriale Verluste auf dem Balkan und in Kleinasien beigebracht.

Auch die Kreuzzüge blieben nicht ohne Folgen für das Byzantinische Reich. Der Einfall der christlichen Kreuzzugsheere (1204) beschleunigte den Prozeß der politischen Destabilisierung. Thronfolgestreitigkeiten schwächten die Zentralgewalt und stärkten den Partikularismus der restlichen kleinen Territorialfürstentümer.

Die Aufstellung eines Söldnerheeres anstelle der Wehrbauern schwächte letztlich die Wehrkraft derart, daß im 14. Jahrhundert die Türken unter Umgehung Konstantinopels ihr Herrschaftsgebiet fast über den ganzen

Nil mit Palmgärten und Wasserstandsmesser. Istanbul,1685

Balkan ausdehnen konnten. Um 1400 war das Byzantinische Reich beinahe ganz auf die Hauptstadt beschränkt. An die westliche Christenheit gerichtete Hilferufe wurden von den in partikularistische Streitigkeiten verwickelten abendländischen Staaten ignoriert.

1453 konnten die durch die Mongolenstürme vorübergehend geschwächten Osmanen nach längerer Belagerung Konstantinopel einnehmen. Das Abendland war damit für das weitere Vordringen des Islams offen.

Die Bedeutung des Byzantinischen Reiches liegt nicht nur in der jahrhundertelangen Abwehr des Islams, sondern vor allem in seinen Kulturleistungen, von denen sowohl Europa als auch der Islam profitierten. Heeresordnung, Waffen- und Schiffbautechniken, aber auch kulturelle und wissenschaftliche Leistungen wurden übernommen und trugen nicht unwesentlich zum Aufschwung und zur Ausdehnung der osmanischen Macht bei.

4. Osmanisches Reich und christliches Europa in der frühen Neuzeit

4.1 Vom Emirat zum Kalifen

Einen neuen starken Expansionsimpuls erhielt das inzwischen in zahlreiche Fürstentümer zerfallene Seldschukenreich durch Osman, der 1299 die kleinasiatischen Teilgebiete vereinigte und Begründer eines Reiches und einer Dynastie wurde, die bis in unser Jahrhundert hinein Bestand hatten.

Den Parteienzwist und die Bürgerkriege in Byzanz ausnutzend, stießen im 14. Jahrhundert osmanische Truppen immer wieder blitzartig nach Europa vor. Der Einfall tatarisch-türkischer Stämme unter Timur und deren Sieg bei Ankara (1402) erschütterten zwar das Osmanische Reich, bewirkten aber keineswegs seinen Untergang. Nachdem 1453 Konstantinopel erobert worden war, konsolidierte sich das Reich relativ schnell. In Istanbul umbenannt und zur Hauptstadt des osmanischen Reiches erklärt, wuchs die Bedeutung der Stadt vor allem durch die erzwungene Übersiedlung des Kalifen von Bagdad, der zwar seine Macht und Würde schon lange verloren hatte, aber formal das Oberhaupt der Muslime geblieben war (um 1520). Aus der Übertragung der Machtbefugnisse des Kalifen auf den Sultan leiteten dessen Nachfolger später die Legitimation ab, das Amt des Kalifen mit dem des Sultans zu verbinden und so als Herrscher des Osmanischen Reiches zugleich das geistliche und weltliche Oberhaupt aller Muslime zu sein.

4.2 Aufstieg zur Großmacht

Bereits im 15. Jahrhundert hatten die Osmanen die Dardanellen überschritten und Serbien, Bulgarien und die Walachei (Rumänien) zu tributpflichtigen Vasallenstaaten gemacht. Zu Beginn des 16. Jahrhunderts dehnten sie ihre Herrschaft auch über Syrien, Ägypten und die Arabische Halbinsel aus. Wichtig ist in diesem Zusammenhang, daß die Osmanen in den arabischen Staaten die Strukturen der Herrschaft wenig beeinflußten aber den schiitischen Zweig des Islams weiter nach Osten verdrängten.

Der Fall Konstantinopels bedeutete den Aufstieg des osmanischen Reiches zur Großmacht. Seine größte territoriale Ausdehnung erreichte der Staat aber erst unter Süleyman II., dem Prächtigen (1520 – 1566), der den gesamten Balkan und Griechenland eroberte. Zwar scheiterte 1529 Süleymans Angriff auf Wien, doch erstreckte sich das osmanische Imperium nun über drei Kontinente.

Durch den systematischen Ausbau der Flotte und die Eroberung der Ägäischen Inseln gelang es den Osmanen sogar, zeitweise die Vorherrschaft im östlichen Mittelmeer zu erringen.

4.3 Struktur osmanischer Herrschaft und Gesellschaft

An der Spitze des Osmanischen Reiches stand der Kalif-Sultan, der seine Macht unumschränkt ausübte. Die Grundlage des Staates bildete das Lehnswesen. Alles eroberte Land – sofern es der Sultan nicht für sich selbst beanspruchte – wurde in Form von Reiterlehen an verdiente Soldaten vergeben. Die Elite der osmanischen Streitmacht aber waren nicht die berittenen Lehnstruppen, sondern die *Janitscharen*, die sich aus der sogenannten »Knabenlese«, d.h. als eine Art Steuer zwangsweise ausgehobenen Christenknaben rekrutierten, die streng kaserniert und ebenso hart diszipliniert nach islamischem Glauben erzogen wurden. Anfangs dem Zölibat verpflichtet, galten sie als persönliches Eigentum des Sultans.

Unter Süleyman II. wurde das geltende Recht kodifiziert und eine Staatsverfassung geschaffen, die für Jahrhunderte Gültigkeit besaß. Von nun an konnten auch nicht-türkische Muslime zu hohen Staatsämtern aufsteigen. Sie gelangten zudem in den Besitz bedeutender Latifundien, die für die lehnsrechtliche Verfassung des Heeres von Bedeutung waren.

Nicht-islamische Glaubensgruppen erhielten Selbstverwaltungsbefugnisse. So fanden die unterworfenen Völker die Möglichkeit, Sprache, Kultur und Identität zu bewahren. Auch die Praxis, Vorgefundenes nicht zu zerstören, war ein wichtiges Element für die Bewahrung des inneren Friedens.

Süleymans Epoche war eine Zeit der Reformen, die zwar von seinen Nachfolgern übernommen, aber weit weniger souverän gehandhabt wurden. Die Sultan-Kalifen delegierten ihre Macht weitgehend an die Groß*wesire*, die den Vorsitz im *Diwan* hatten.

Die wichtigsten Einnahmequellen waren Steuern, Zölle und die Tribute der unterworfenen Völker. Diese wurden vor allem für die Hofhaltung des Herrschers, die Reichsverwaltung, die Truppen und den Festungsbau ausgegeben. Religiöse, kulturelle und soziale Aufgaben – wie der Bau und Unterhalt von Krankenhäusern, Moscheen, *Medresen*, Bädern und Armenküchen – waren keine Angelegenheit des Staates, sondern wurden von frommen Stiftungen oder Einzelpersonen übernommen.

Eine große Macht lag in den Händen der *Ulema*, religiöser Gelehrter, die der Macht des Herrschers durch das islamische Recht enge Grenzen setzten und darüber hinaus das Erziehungswesen betreuten. Sie garantierten den orthodox-islamischen Charakter sunnitischer Glaubensschulen, die zwar strenge Prinzipien hatten, aber nicht zum Fanatismus neigten.

4.4 Osmanisches Reich und europäische Mächte

Im 16. Jahrhundert gewann das Osmanische Reich zunehmend an Bedeutung für europäische Staaten, die als Bundesgenossen mit der *Hohen Pforte* kooperierten oder sie als Feinde bekämpften. Dabei spielten machtpolitische und ökonomische Fragen oft eine größere Rolle als der Kampf gegen die islamische Bedrohung des christlichen Abendlandes. Schon die vergeblichen Hilferufe Konstantinopels waren ein Symbol für die Zerrissenheit der res publica christiana.

Ein gemeinsames Vorgehen gegen das Osmanische Reich wurde vor allem durch die weitreichenden Auseinandersetzungen zwischen Habsburg und Frankreich verhindert. Um 1530 begannen Frankreich und die Türkei militärisch zusammenzuarbeiten und ihre politischen Verbindungen zu festigen. 1536 schloß Franz I. einen Vertrag mit der Hohen Pforte, der vor allem Fragen des Handels, der Rechtsprechung über Franzosen in osmanischen Gebieten und einer konsularischen Vertretung regelte. Während der nächsten zwei Jahre wurde die Zusammenarbeit Frankreichs mit der Türkei zu einem wichtigen Druckmittel gegenüber Habsburg.

Das habsburgische Weltreich unter Karl V. konnte gegen diese französisch-osmanische Umklammerung nichts ausrichten, obgleich es sich mit den schiitischen Muslimen in Persien verbündete und so ebenfalls eine Strategie der Einkreisung verfolgte. Als indirekte Folge der potentiellen Bedrohung des Reiches durch die Osmanen ist sicherlich die Möglichkeit der Protestanten zu bewerten, Karl V. immer wieder Zugeständnisse abzutrotzen.

Die Bemühungen um ein gemeinsames Unternehmen gegen die größer werdende Bedrohung des Abendlandes durch den Islam führten erst zum Erfolg, als die Osmanen Zypern besetzten. Die unter dem Oberbefehl Juan d'Austrias gemeinsam operierende Flotte von Venedig, Spanien und dem Vatikan konnte in der Seeschlacht von Lepanto (1571) den Türken eine vernichtende Niederlage zufügen. Trotz dieses Sieges aber kam eine dauerhafte Koalition gegen die Osmanen nicht zustande.

Spanien verlagerte seine kriegerischen Aktivitäten in den atlantischen Raum, und bereits 1573 schloß Venedig einen Sonderfrieden mit der Hohen Pforte, weil es wirtschaftlich und handelspolitisch von der Türkei abhängig war. Vor allem war Venedig auf Getreidelieferungen aus dem Schwarzmeergebiet angewiesen.

Im 17. Jahrhundert konzentrierten sich die kriegerischen Aktivitäten der Osmanen fast ausschließlich auf das Territorium Habsburgs. 1683 drang das türkische Heer bis in die Außenbezirke Wiens vor. Mit der Unterstützung Polens und anderer abendländischer Staaten – ausgenommen Frankreich – konnte das Reichsheer nicht nur die Stadt erfolgreich verteidigen, sondern in der Schlacht am Kahlenberg den Osmanen eine vernichtende Niederlage zufügen. Den entscheidenden Sieg über die türkische Armee errang Prinz Eugen von Savoyen 1717 in der Schlacht bei Belgrad. Die Osmanen gaben nun endgültig ihr Streben nach einer universalen islamischen Weltmacht auf.

Gegen Ende des 18. Jahrhunderts griff auch Rußland in die türkische Geschichte ein. Unter dem Vorwand, die christlichen Untertanen des osmanischen Reiches zu schützen, eroberte es die Küstengebiete am Schwarzen Meer und wurde somit auf breiter Front Grenznachbar des Osmanischen Reiches.

4.5 Verfallserscheinungen

Nach Süleyman II. setzte langsam der Niedergang des Reiches ein. Die einstige Elitetruppe der Janitscharen degenerierte zu einem nur noch schwer zu disziplinierenden Verband. Dank vieler Privilegien, z.B. zollfreie Wareneinfuhr und Erblichkeit der Stellen, entwickelten sie sich zur beherrschenden Oberschicht des Osmanischen Reiches. In Anbetracht der sich auflösenden gesellschaftlichen und politischen Strukturen griffen sie immer häufiger in die Politik ein.

Zum Zentrum jedweder Intrigen wurde nun der Harem. Die *Walide Sultan*, die Sultansmutter, übte mit ihrem meist schwarzen Obereunuchen einen immer größer werdenden Einfluß auf die Politik und die Nachfolge des Sultans aus. Die Ermordung potentieller Thronanwärter wurde zur gängigen Praxis.

Im 17. Jahrhundert begann der Verfall der osmanischen Macht. Wenngleich die Kriege gegen Österreich, Venedig, Polen, Persien und Rußland ohne große Verluste bestanden werden konnten, erreichte der osmanische Staat mit der zweiten Belagerung Wiens den Wendepunkt seiner Geschichte.

Zudem verschlechterte sich die wirtschaftliche Situation zunehmend, was wiederum zu sozialen Unruhen führte. Banden ehemaliger Medresestudenten, entlaufene Bauern und besitzlose Landarbeiter zogen plündernd durchs Land. Eine wachsende Unsicherheit machte sich breit, und die Macht der regionalen Paschas wuchs.

Zwar erlebte das osmanische Reich am Ende des 17. Jahrhunderts, in der sogenannten »Tulpenzeit«, gleichzeitig mit der Einführung des Buchdrucks einen Aufschwung seiner Literatur, aber Wissenschaft und Bildung – beherrscht von stockkonservativen Ulemas – stagnierten.

5. Die islamische Welt als Objekt der Europäischen Außenpolitik im 19. Jahrhundert

5.1 Der »Kranke Mann am Bosporus«

Der sich bereits im 18. Jahrhundert abzeichnende Machtverfall der osmanischen Herrschaft setzte sich im 19. Jahrhundert verstärkt fort. Das Imperium hatte große territoriale Einbußen erlitten – auf dem Balkan an Österreich-Ungarn, am Schwarzen Meer an Rußland – und spielte im »Konzert« der europäischen Mächte keine Rolle mehr. Das zeigte sich eindeutig auf dem Wiener Kongreß 1814/15, als es von der Neuordnung Europas ausgeschlossen blieb.

Der Sultan in Istanbul wurde zum »Kranken Mann am Bosporus«, der weitgehend nur noch als Objekt der Außenpolitik der europäischen Mächte fungierte. Als solches aber spielte er eine wichtige Rolle im Spiel um das Gleichgewicht der Kräfte in Europa. Österreich-Ungarn, Frankreich und Großbritannien unterstützten die Osmanen im Kampf gegen das Vordringen Rußlands zu den Meerengen.

Im Laufe des 19. Jahrhunderts gewannen die Osmanen zwar zeitweise einige Teilgebiete auf dem Balkan zurück, aber sie verloren ihre Handlungsfreiheit an die europäischen Großmächte, insbesondere an England und Frankreich, die nicht nur ihren Besitzstand bestimmten, sondern darüber hinaus auch in innenpolitische Angelegenheiten eingriffen. Anstelle Rußlands übernahmen sie nun den Schutz der Christen im Osmanischen Reich.

5.2 Reformen und reaktionäre Tendenzen

Während Europa durch Rationalisierung, Industrialisierung, Nationalisierung und Liberalisierung dem modernen Zeitalter entgegenging, beharrte die Türkei auf traditionellen feudalen Strukturen und einer islamisch fundierten Reichsidee. Die nach europäischem Muster konzipierten Reformen türkischer Sultane im 19. Jahrhundert waren meist nur kurzfristiger Natur.

Die Ausschaltung der Janitscharen, die mehrere Putschversuche unternommen hatten, und die Neuordnung des Heeres mit Hilfe preußischer Offiziere konnte sich jedoch auf Dauer durchsetzen. Als ebenso dauerhaft erwies sich der europäische Einfluß auf Kultur und Bildung. Junge Männer durften im Ausland studieren und kehrten mit neuen Ideen in die Heimat zurück.

Selbst in der Mädchenerziehung zeichnete sich die Tendenz ab, europäische Bildungsvorstellungen wenigstens in Ansätzen zu übernehmen. Deutsche Hauslehrerinnen waren in wohlhabenden türkischen Familien als Erzieherinnen willkommen, und gegen Ende des 19. Jahrhunderts durften türkische junge Frauen im Ausland ein Medizinstudium absolvieren.

Die Neuordnung der Verwaltung, des Rechts- und Schulwesens sowie die Einführung der auf einer Verfassung beruhenden konstitutionellen Monarchie scheiterten entweder an der mangelnden Bereitschaft der Sultane, eine Gewaltenteilung zu akzeptieren, oder am Einfluß orthodoxer islamischer Geistlicher. Die 1876 proklamierte Verfassung, die den osmanischen Staatsbürgern einige Grundrechte garantierte, wurde bereits zwei Jahre später wieder aufgehoben.

Die im 16. Jh. erbaute türkische Festung Silivri (Balkan). Lithographie, 1. H. 19. Jh.

Unter dem massiven Druck der Intellektuellen des Landes, die sich in Geheimgesellschaften, denen sich auch Teile des Offizierskorps anschlossen, organisiert hatten, mußte der Sultan 1908 die Rechtsgültigkeit der Verfassung wieder anerkennen.

Der ausschlaggebende Faktor für diesen Akt aber war im Prinzip nicht so sehr der Aufstand der »Gesellschaft für Einheit und Fortschritt« (Jungtürken), sondern das Bestreben der Türkei nach Anerkennung als europäische Macht.

5.3 Russische Expansion

In seinen Grundfesten erschüttert wurde das Osmanische Reich vor allem durch die russische Expansion, deren strategisches Ziel die Kontrolle über die Meerenge bei Istanbul war.

Bereits im 18. Jahrhundert hatte die Türkei das Küstengebiet am Schwarzen Meer und die Halbinsel Krim samt Hinterland an Rußland verloren. Rußlands Drang, über die Beherrschung der Dardanellen einen direkten Zugang zum Mittelmeer zu erhalten, mußte früher oder später mit den Interessen Englands kollidieren, das um seine Herrschaft über die Weltmeere fürchtete.

Zu Beginn des 19. Jahrhunderts gelangte Rußland (im Frieden von Adrianopel 1829) in den Besitz der Inseln in der Donaumündung, und es übernahm zudem das Patronat über Serbien und Griechenland. Wenige Jahre später sicherte der Sultan, der 1832 mit Hilfe Rußlands den Angriff des ägyptischen Khediven (Vizekönigs) auf Syrien und Konstantinopel hatte abwehren können, dem Zarenreich das alleinige Durchfahrtsrecht durch die Dardanellen zu.

Der letztlich aus den Kontroversen um die Beherrschung der Meere resultierende Krimkrieg, der in der Belagerung Sewastopols gipfelte und mit der Niederlage Rußlands endete, bot dem Expansionsdrang des Zarenreichs zunächst Einhalt. Im Frieden von Paris 1856 erhielten die Türken ihre verlorenen Balkangebiete zurück, und das Schwarze Meer wurde neutralisiert.

In der zweiten Hälfte des 19. Jahrhunderts nahm der Druck Rußlands auf die Türkei erneut zu; er führte schließlich zur Orientkrise 1875/78. Der vom Zarenreich unterstützte Aufstand der Serben eskalierte 1877/78 zum türkisch-russischen Krieg, der mit dem Frieden von San Stefano eine weitere Schrumpfung des osmanischen Machtbereichs bewirkte. Im Berliner Kongreß wurden auf englischen und österreichischen Druck die Friedensbedingungen zwar geändert, d.h. Rußland verlor seinen Einfluß auf dem Balkan mit Ausnahme Bessarabiens, aber es konnte dafür sein Territorium in Asien auf Kosten des Osmanischen Reiches um große Teile Armeniens, Kars und Ardahan ausdehnen. Durch die russische Annexion osmanischer Gebiete in Mittelasien wurde das Territorium des Zarenreiches über den Kaukasus hinaus bis an die Grenze Afghanistans vergrößert.

Sein Ziel, die Beherrschung der Dardanellen, konnte Rußland zwar nicht erreichen, aber es gelang ihm, seinen Machtbereich im mittelasiatischen Raum auf Kosten des Osmanischen Reiches um große Gebiete zu erweitern.

5.4 Nationalbewußtsein der Balkanvölker

Das Erwachen des Nationalgedankens europäischen Typs unter den Balkanvölkern, das von der romantischen Bewegung getragen und von den europäischen Völkern in unterschiedlicher Weise unterstützt wurde, führte im Laufe des 19. Jahrhunderts zur Bildung verschiedener Kleinstaaten, die sich durch Sprache und/oder Religion konstituierten.

Mit dem Unabhängigkeitskampf der Griechen (1821 – 1829), an dem Freiwillige aus vielen europäischen Staaten teilnahmen (Lord Byron), begann die Ablösung der vornationalen osmanischen Herrschaft durch nationale souveräne Kleinstaaten. Im Laufe des 19. Jahrhunderts weitete Griechenland sein Hoheitsgebiet auf dem Balkan und in der Ägäis auf die von Griechen besiedelten Gebiete weiter aus.

Serbien, Bulgarien und Rumänien erlangten nach längeren Konflikten 1878 ihre Unabhängigkeit, wobei Serbien unter Anlehnung an Rußland sich gleichermaßen gegen die Türkei als auch Österreich-Ungarn auflehnte. Albanien wurde 1913 zum unabhängigen Fürstentum.

Die weitgehend kleinräumige Verteilung der verschiedenen Nationalitäten auf engstem Raum schuf Konfliktherde, die bis heute nachwirken.

5.5 Westeuropäische Kolonialherren im islamischen Raum

Die andauernde Schwäche des Osmanischen Reiches ermöglichte es den europäischen Mächten, ihre koloniale Expansion auch auf den islamischen Mittelmeerraum auszudehnen.

Die osmanische Herrschaft über den westlichen Islam vom Irak bis Algerien wurde bereits 1840 durch die Selbständigkeitsbestrebungen der Statthalter Ägyptens, die sich Arabien und Syrien unterwarfen und den Sultan bedrohten, erschüttert.

Den Beginn der europäischen Expansion im islamischen Raum machte Frankreich, das im 18. Jahrhundert und unter Napoleon fast seinen gesamten älteren Kolonialbesitz verloren hatte. 1830 annektierten die Franzosen Algerien; 1881 folgte Tunesien, und 1912 übernahm Frankreich das Protektorat über Marokko.

Weiter östlich konkurrierte mit ihm Großbritannien, von dem es ab 1869 (Eröffnung des Suezkanals) aus seiner ägyptischen Einflußsphäre verdrängt wurde. 1881 übernahm England die Schutzherrschaft über Ägypten, und 1899 wurde der Sudan zur britischen Kolonie erklärt.

Als letzte europäische Macht annektierte Italien 1889 Eritrea und 1911 Libyen.

5.6 Der Erste Weltkrieg und seine Folgen

1914 trat die Türkei an der Seite der Mittelmächte in den Ersten Weltkrieg ein. Der Sultan/Kalif hoffte auf die Wiederherstellung des Osmanischen Reiches nach einem Sieg über die Alliierten. Sein Aufruf zum »Heiligen Krieg« und der damit verbundene Appell zum Kriegseintritt aller islamischer Staaten blieb jedoch wirkungslos, weil dieser Krieg durch die »unheilige« Verbindung mit den Ungläubigen eben kein solcher war. Aus diesem Grunde nahmen islamische Staaten an kriegerischen Auseinandersetzungen sowohl auf Seiten der Mittelmächte als auch auf Seiten der Alliierten teil.

Als sich die osmanische Staatsführung am 30.10.1918 zum Waffenstillstand entschloß, zerbrach das multinationale Osmanische Reich endgültig. Der säkulare Nationalstaatsgedanke siegte über die Idee eines panislamischen Reiches. Arabien, Irak, Syrien, Libanon und Palästina wurden aus dem Staatsverband ausgegliedert, und das Territorium des Reiches mußte sich auf Anatolien und einen kleinen europäischen Teil – Istanbul und sein Hinterland – beschränken; Smyrna wurde an Griechenland abgetreten.

Der 1920 geschlossene Friedensvertrag von Sèvres wurde vom türkischen Parlament nicht ratifiziert. Es kam zu einer Revolution unter Mustafa Kemal Pascha und zum Krieg gegen Griechenland, der mit der Vertreibung aller Griechen aus Kleinasien endete.

1922 wurde der Sultan abgesetzt und der Rest des Osmanischen Reiches 1923 zur Türkischen Republik erklärt. Kemal Pascha, dem 1935 der Titel Atatürk, d.h. Vater der Türken, verliehen wurde, war der erste Präsident der Republik.

5.7 Modernisierungsbestrebungen in der Türkischen Republik

Während die meisten islamischen Staaten auf der Verbindung von Religion und Staat beharrten, setzten

Turbanschmuck eines Sultans, dichtbesetzt mit Diamanten und Perlen. In der Mitte ein quadratischer Smaragd, darüber ein großer Rubin. H. 28 cm, 18./19. Jh.

sowohl in Persien als auch in der Türkei Modernisierungsversuche nach europäischem Muster ein.

Mustafa Kemal Pascha proklamierte am 20.10.1923 die Türkische Republik. Bereits 1922 hatten die »Kemalisten« das Sultanat für abgeschafft erklärt und damit den letzten Kalifen seiner weltlichen Macht enthoben. 1924 wurde auch das Kalifat abgeschafft, und der Kalif mußte das Land verlassen.

Mit der Gründung der Republik übernahm Atatürk die höchsten Ämter; er leitete die Entwicklung der Türkei zu einem modernen Staat europäischer Prägung ein. Ankara wurde zur Hauptstadt erklärt.

Dieser moderne Staat verstand sich keineswegs mehr als Mitglied der »Gemeinde der Gläubigen«, denn er ignorierte das islamische Staatsverständnis, d.h. die Einheit von Glauben und aller damit verbundenen Normen und Gesetze. Obgleich der Islam die vorherrschende Religion blieb, besann man sich nun auf das nationale Erbe der türkischen Kultur. Eine strikte Trennung von Staat und Religion unterband den Einfluß des Islams auf die Regierung. Religiöse Gerichtshöfe und Ausbildungsstätten wurden abgeschafft und die islamische Jahreszählung, die mit der Auswanderung Mohammeds im Jahre 622 einsetzt, durch den Gregorianischen Kalender ersetzt. 1926 wurden das Bürgerliche Gesetzbuch der Schweiz, das italienische Strafrecht und das deutsche Handelsrecht verbindlich eingeführt.

Der radikale Bruch mit der islamischen Tradition wurde einerseits von der starken Persönlichkeit Atatürks, andererseits von einer vergleichsweise dünnen militärischen, städtisch-intellektuellen und -wirtschaftlichen Oberschicht getragen. Die wirtschaftliche Armut der städtischen Unterschicht und der Landbevölkerung sowie die Verwurzelung in traditioneller islamischer Religiosität machten die Modernisierungsversuche zu einer brisanten Unternehmung, die auch heute noch keineswegs als endgültig geglückt gelten darf.

5.8 Türkisches Nationalbewußtsein

Im Bewußtsein ihrer türkischen Tradition entwickelten die Bürger der türkischen Republik ein neues nationales Selbstverständnis. Mit dem Bekenntnis: »Ich bin stolz, ein Türke zu sein«, beginnt seit Atatürks Reformen jeglicher Unterricht in den Schulen.

Die Ablösung der arabischen durch die türkische Sprache als Amtssprache war ebenso wie die Übersetzung des Korans ins Türkische sichtbarer Ausdruck des radikalen Bruchs mit dem multinationalen Staatsverständnis des Islams arabischer Prägung.

In diesem Sinne waren zwangsläufig auch die Frauen der neuen Republik aufgerufen, sich auf die türkischen Wurzeln zu besinnen und den Stolz auf ihr Türkentum öffentlich zu bekunden. Ursprünglich eigenwillig und selbstbewußt, war in der Vergangenheit die türkische Muslimin unter dem Einfluß des orthodoxen Islams zur gehorsamen und opportunistischen Dienerin des Mannes degradiert worden. Nach Atatürks Konzept sollte sie nun gesellschaftlich, sozial und rechtlich den männlichen Mitgliedern des Staates gleichgestellt werden. Weder ethisch abgewertet noch sozial diskriminiert konnte sie nun als gleichberechtigte Partnerin und Lebensgefährtin des Mannes selbstbestimmt in ihrer häuslichen Sphäre wirken oder am öffentlichen Leben teilnehmen.

Die zivilrechtlich geschlossene monogame Ehe wurde eingeführt und der Schleierzwang aufgehoben, teilweise – vor allem für öffentliche Bedienstete – sogar verboten. Im Bereich der Bildung war Chancengleichheit für beide Geschlechter angesagt. 1926 wurde das aktive, 1934 auch das passive Wahlrecht für Frauen eingeführt.

Nur schwer nachvollziehbar für die männlichen Mitglieder der türkischen Gesellschaft war die von Atatürk proklamierte Gleichberechtigung der Geschlechter. Obgleich diese in der Tat alter türkischer Tradition entspricht, ist sie bis heute nur in Ansätzen realisiert worden.

C Chronik

570	Geburt Mohammeds in Mekka
610	Mohammeds erste Offenbarungen und seine Berufung zum Propheten
622	Hedschra, Mohammeds Emigration von Mekka nach Medina; Beginn der islamischen Zeitrechnung
632	Mohammeds Tod; Beginn des Kampfes um seine Nachfolge
632–661	Kalifat der ersten vier »legitimen« Nachfolger des Propheten: Abu Bakr, Omar, Utman und Ali, Mohammeds Schwiegersohn; Regierungssitz Kufa; Eroberung des byzantinischen Palästina, Syriens, des persischen Sassanidenreiches, Ägyptens und Zyperns
661–750	Kalifat der Omaijaden; Hauptstadt Damaskus
661–680	Expansion nach Nordafrika und Sizilien
711	Übergang des Tarik nach Spanien und Sieg über die Westgoten; Eroberung des größten Teils der iberischen Halbinsel sowie der französischen Mittelmeerküste
717–718	Erste erfolglose Belagerung Konstantinopels
732	Sieg Karl Martells über ein arabisch-spanisches Heer bei Tours und Poitiers
750–1258	Kalifat der Abbassiden; Hauptstadt Bagdad
750	Ausrottung der gesamten Omaijaden-Familie; nur Abderrachman entkommt nach Spanien; Kalifat von Córdoba
786–809	Harun al-Raschid; Höhepunkt des Kalifats und der arabischen Literatur (»Tausendundeine Nacht«)
909–1171	Herrschaft der schiitischen Fatimiden in Ägypten
998–1030	Der mittlere und nördliche Pandschab (Indien) geraten unter türkische Herrschaft
11. Jh.	Beginn der türkischen Invasion; turkmenische Seldschuken, Anhänger des orthodoxen sunnitischen Islams, dringen von Mittelasien nach Persien, Irak und Syrien vor
1055	Seldschuken erobern Bagdad und übernehmen mit Unterstützung des abbassidischen Kalifen als erste türkische Dynastie die Führungsrolle im Islam
1055-1228	Seldschuken beherrschen den arabischen Raum und dringen nach Anatolien vor
1071	Eroberung Palästinas und Ägyptens; Vertreibung der schiitischen Fatimiden aus Ägypten; der Pilgerstrom ins Heilige Land wird behindert
1096–1291	Kreuzzüge
1174–1250	Herrschaft der kurdischen Aijubiden in Ägypten (Saladin)
1186	Türkische Sklaventruppen erobern die Gangesebene und gründen das Sultanat von Delhi
1206–1290	Türkische »Sklavensultane« regieren in Delhi; elf Herrscher, darunter eine Frau, Radija Begum
1250–1517	Herrschaft der sunnitischen Mameluken in Ägypten
1258	Zerstörung Bagdads durch die Mongolen; Untergang des Abbassidenkalifats; Zerfall des Seldschukenreiches
1299	Einigung einiger Teilfürstentümer des Seldschukenreiches unter dem Turkmenen Osman
1326–1361	Osmans Nachfolger Orhan gründet in Bursa das osmanische Fürstentum; Beginn der osmanischen Expansion
1363–1405	Mongolen unter Timur erobern Kleinasien, Syrien und West-Indien
1365	Verlegung der Residenz des osmanischen Sultans nach Adrianopel
1389	Schlacht auf dem Amselfeld; Niederlage der Serben
1396	Serbien wird türkische Provinz
1402	Timurs Sieg über die Osmanen bei Ankara
1405	Nach Timurs Tod Konsolidierung des Osmanischen Reiches unter Süleyman I.
1453	Eroberung Konstantinopels
1515–1520	Eroberung des Iraks, Syriens und Ägyptens; Ende der ägyptischen Mameluken; Oberhoheit über Libyen, Tunesien und Algerien
1520–1566	Süleyman II., der Prächtige
1526	Schlacht bei Mohacz; der größte Teil Ungarns wird türkisch
1526–1858	Dynastie muslimischer Herrscher in Indien (Moghule)
1529	Erste Belagerung Wiens
1571	Eroberung von Zypern; erste türkische Niederlage in der Seeschlacht von Lepanto
1683	Zweite Belagerung Wiens; Wende der osmanischen Geschichte
1717	Eugen, Prinz von Savoyen, schlägt die Türken bei Belgrad; Österreich erhält das Banat, Teile der Walachei (Rumänien), Bosnien und Nordserbien bis Belgrad
1747	Die britische East India Company etabliert sich in Indien
1768–1774	Russisch-türkischer Krieg; Rußland erhält das Küstenland am Schwarzen Meer bis zum Dnjepr
1803	Moghul-Kaiser geraten in völlige Abhängigkeit von Britannien

1804	Beginn der serbischen Aufstände
1821–1829	Unabhängigkeitskrieg Griechenlands
1826	Ausschaltung der Janitscharen
1830–1847	Frankreich okkupiert Algerien
1853–1856	Krimkrieg; Niederlage Rußlands; Großbritannien schließt mit sieben Emiraten am Golf Protektoratsverträge
1869	Bau des Suezkanals
1877–1878	Russisch-türkischer Krieg; Frieden von San Stefano
1878	Berliner Kongreß; Neuordnung der Verhältnisse auf dem Balkan
1881	Frankreich okkupiert Tunesien
1882	England okkupiert Ägypten
1902	Rückeroberung großer Teile der Arabischen Halbinsel für die Dynastie Saud (Ibn Saud)
1912	1.Balkankrieg
1912	Frankreich übernimmt das Protektorat über Marokko
1913	2. Balkankrieg
1914–1918	Das Osmanische Reich nimmt an der Seite der Mittelmächte am Ersten Weltkrieg teil; Verlust aller Gebiete bis auf Anatolien und Istanbul mit Hinterland
1920	Revolution unter Mustafa Kemal Pascha
1921–1923	Türkisch-griechischer Krieg
1922	Absetzung des Sultans
1923	Gründung der türkischen Republik; Friede von Lausanne: Umsiedlung der türkischen und griechischen Minderheiten
1924	Abschaffung des Kalifats
1928	Islam nicht mehr Staatsreligion in der Türkei

D Glossar

Abbassiden:
arabische Dynastie, die ihre Herkunft auf einen Onkel Mohammeds zurückführte. Sie vernichtete die Dynastie der Omaijaden und war von 750-1258 Inhaberin des Kalifats

Aijubiden:
von Saladin begründete kurdische Dynastie sunnitischer Glaubensrichtung, die (1171-1250) als Sultane Ägypten, Syrien, Palästina und Jemen beherrschte

Allah:
»der Gott«, d.h. der einzige, über alles erhabene, souveräne Schöpfer und Richter über seine Geschöpfe, die Menschen. Im vorislamischen Arabien war »Allah« die Bezeichnung für eine Hochgottheit, die neben anderen Stammesgöttern verehrt wurde. Gegen die ihm zugeschriebenen drei Töchter, al-Lat (Sonnengottheit, Astarte), al-'Uzza (Venus) und Manat (Schicksalsgöttin, die auch im frühislamischen Arabien an heiligen Stätten außerhalb Mekkas noch verehrt wurde) nimmt Mohammed im Koran ausdrücklich Stellung (Suren 6,100; 53,19-21)

Arabeske:
Ornament aus stilisiertem Laub und Ranken

Ayatollah:
islamischer Ehrentitel ohne bestimmte Funktion

Derwisch:
Angehöriger eines mystischen islamischen Ordens, der seine Aufgabe darin sieht, durch Meditation die Körperfunktionen auf ein Minimum zu senken, um die Seele für höhere Ziele frei zu machen. Die meisten Derwische waren in Orden zusammengeschlossen; einige lebten jedoch ohne jegliche Organisation als wandernde Derwische. »Tanzende« Derwische: Rituelle Tänzer in religiöser Ekstase

Diwan:
Bezeichnung für oberste Verwaltungsorgane; unter den Osmanen der kaiserliche Staatsrat. Auch für den Sitz der Verwaltungsorgane (Amtsgebäude) gebraucht

Emir:
(arab. Herrscher), Titel der wirklichen oder auch angeblichen Nachkommen Mohammeds, der unabhängigen arabischen Stammesfürsten und einiger Würdenträger des Osmanischen Reiches, auch der Omaijaden in Spanien, bis 1916 Titel des Herrschers von Afghanistan

Fatimiden:
schiitische Dynastie, die sich von Fatima, der jüngsten Tochter Mohammeds, herleitete und 909-1171 in Ägypten herrschte

Fundamentalisten:
Muslime, die den Islam sowohl als Religion als auch als System weltlicher Ordnung ansehen und sich auf die »idealen« Verhältnisse der Ordnung von Medina berufen

Hadith:
Mitteilungen über Aussprüche und Handlungen des Propheten. Die Hadith bestehen aus der Angabe der Überlieferungskette und dem eigentlichen Text, im 7.-9. Jahrhundert entstanden und in der Sunna gesammelt

Harlemsyndrom:
stark ausgeprägtes Selbstverständnis ethnischer, religiöser oder soziokultureller Minderheiten in abgeschlossenen Wohngebieten mit Rückbesinnung auf gemeinsame Erfahrungen und Traditionen, festem Zusammenhalt und Abwehr alles Fremden

Hedschra:
die Auswanderung des Propheten Mohammed von Mekka nach Medina im Jahre 622, Beginn der islamischen Zeitrechnung

Heiliger Krieg:
Kampf – nicht unbedingt Krieg – gegen Nichtmuslime und Menschen, die vom Islam abgefallen sind. Der Kampf dient der Verteidigung und Expansion des islamischen Machtbereichs. Jeder Friede mit nichtislamischen Staaten kann nur provisorisch sein

Himmelfahrt Mohammeds:
visionäres nächtliches Erlebnis Mohammeds, das eine Reise von Mekka nach Jerusalem betraf und ähnlich der Jakobsleiter im Alten Testament interpretiert wird

Hodscha:
selbsternannter Vorbeter und Lehrer des Korans, ohne theologische Qualifikation, besonders in ländlichen Gebieten der Türkei und in der Diaspora tätig

Hohe Pforte
Türkischer Regierungssitz in Istanbul

Imam:
bei den Sunniten Vorbeter während des Gemeinschaftsgebets, bei den Schiiten oberste religiöse Autorität und Lehrer der Gläubigen

Janitscharen:
osmanische Elitetruppe, die durch die »Knabenlese« christlicher Jugendlicher rekrutiert wurde

Kaaba:
Zentralheiligtum des Islams in Mekka, dessen Grundsteinlegung Abraham und Ismail zugeschrieben wird

Kadi:
übt das Richteramt aus und beaufsichtigt »fromme Stiftungen«. Das von ihm gefällte Urteil konnte nur vom Kalifen aufgehoben oder revidiert werden

Kalif:
(arab. Nachfolger, Stellvertreter) weltlicher Herrscher und Befehlshaber sowie religiöser Imam der Muslime als Nachfolger Mohammeds

Kalifat:
Machtbereich des Kalifen als Herrscher aller Muslime

Knabenlese:
bei den Osmanen als Form eines Tributs durchgeführte gewaltsame Trennung von Kindern der christlichen Untertanen von ihrer ethnischen, religiösen und kulturellen Umgebung. Sie wurden im Sinne türkisch-islamischer Ideologie erzogen, um aus ihnen Elitetruppen und loyale Beamte zu rekrutieren (Janitscharen)

Koran:
die heilige Schrift des Islams, die die Offenbarungen des Propheten Mohammed enthält. Der Text des Korans ist in 114 einzelne Abschnitte, Suren, aufgeteilt, jede Sure wiederum in Verse. Die Anordnung der Suren wurde – mit Ausnahme der ersten Sure – nach ihrer Länge vorgenommen. Die längste ist somit die zweite, die kürzeste die letzte Sure. Die einzelnen Überschriften sagen nichts über den Inhalt der Suren aus

Kurden:
indoeuropäisches Bergvolk im Mittleren Osten. Die Kurden gelten als Nachkommen der Meder, worauf die kurdische Nationalhymne Bezug nimmt. Einer ihrer größten Führer war Saladin

Maghreb:
»Ort des Sonnenuntergangs«, arabische Bezeichnung für das westliche Nordafrika

Mameluken:
weiße, meist türkische Militärsklaven, die als Halbwüchsige in großer Zahl in den Besitz des Sultans gelangten, der sie kasernierte, ausbilden ließ, dann freiließ und militärisch organisierte. 1250 übernahmen sie selbst die Macht in Ägypten

Mauren:
Bezeichnung für Muslime in Spanien

Medrese:
islamische Moschee-Hochschule oder theologische Lehranstalt mit Schul-, Wohn- und Beträumen

Moriscos:
Bezeichnung für die nach 1492 zwangsweise getauften und konvertierten Muslime in Spanien, die im geheimen aber weiterhin der islamischen Religion anhingen. Sie wurden entweder zwangsumgesiedelt oder des Landes verwiesen

Mozaraber:
im islamischen Spanien lebende Christen römisch-westgotischen Ursprungs, die sich durch das Bezahlen einer Kopfsteuer eine relative religiöse Freiheit bewahrten, aber orientalischen Kultureinflüssen unterlagen, u.a. in der Kleidung. In der Glanzperiode des spanischen Islams bekleideten sie sogar hohe Regierungsämter

Mufti:
Rechtsgelehrter und oberster Richter (nicht Kadi). Im Osmanischen Reich stand der Großmufti von Istanbul an der Spitze der Rechtsgelehrten

Omaijaden:
Kalifendynastie (661-750) mit Machtzentrum in Damaskus. Nach dem Sturz durch die Abbassiden floh der letzte Omaijade nach Spanien, wo er die bedeutendste muslimische Herrschaftsdynastie Spaniens begründete. Von der Hauptstadt Córdoba aus regierten diese Omaijaden zuerst als Emire, dann als Kalifen die iberische Halbinsel

Osmanen:
türkische Herrscherfamilie, die nach dem Zerfall des Seldschukenreiches im 14. Jahrhundert das osmanische Großreich aufbaute, das erst 1918 endete. Im weitesten Sinne wurde auch die Bevölkerung des Großreiches als Osmanen bezeichnet

Reconquista:
Rückeroberung der von den Muslimen beherrschten Teile Spaniens, die im 11. Jahrhundert von Kastilien aus begann und 1492 mit dem Fall Granadas endete

Scharia:
Bezeichnung für das islamische Recht, das integraler Bestandteil des Islams und konstitutives Element der Umma ist. Es gibt keine Trennung zwischen religiös-sakralem und profan-säkularem Recht

Scheich:
Stammesfürst bei den arabischen Beduinen, im Islam Ehrentitel des Muftis, ohne religiöse Funktion

Schia:
»Partei« Alis

Schiiten:
Bezeichnung für diejenigen Muslime, die Ali, den Neffen und Schwiegersohn Mohammeds, als dessen ersten und rechtmäßigen Nachfolger anerkennen. Es gibt verschiedene schiitische Gruppen, u.a. auch die Imamiten im Iran. Etwa 10 % der Muslime gehören der schiitischen Glaubensrichtung des Islams an

Seldschuken:
turkmenisches Herrschergeschlecht sunnitischen Glaubens, das im 11. Jh. von Zentralasien aus nach Westen vordrang, 1055 Bagdad eroberte und seine Vorherrschaft im 13. Jh. an die Osmanen verlor

Sultan:
vom Kalifen ernannter oder bestätigter unabhängiger Herrscher eines Gebietes

Sunna:
von den vorislamischen Arabern übernommene Tradition, dem Vorbild der Väter nachzueifern. Im Islam wurde der Begriff, speziell in den Hadith, als Terminus technicus für die schriftliche Überlieferung des Lebens und der Aussprüche des Propheten verwendet

Sunniten:
Anhänger der »rechtgläubigen« Richtung des Islams, die den Koran und die Sunna als Glaubensgrundlage sowie die Rechtmäßigkeit der ersten vier Kalifen als Nachfolger Mohammeds anerkennen

Ulema:
Sammelbezeichnung für islamische Gelehrte, Garanten für die gottgewollte Ordnung im Islam. Sie begrenzen einerseits die Macht des Herrschers durch das religiöse Recht, sind andererseits Stützen islamischer Staaten

Umma:
Gemeinschaft aller Muslime

Walide Sultan:
bei den Osmanen Titel der Mutter des Sultans; bei Prinzessinnen wurde der Titel »Sultan« dem Namen nachgestellt

Wesir:
Titel hoher Würdenträger in der Administration, Leiter der Zentralverwaltung, bes. in Justiz und Finanzen. Heute Bezeichnung für Minister islamischer Staaten

E Unterrichtshilfen

1. Der Islam – Entstehung und zentrale Lehren

Einführung (vgl. Basiswissen S. 8 f.)
Bereits vor Mohammeds Auftreten hatte sich der Verfall religiöser, politischer und sozialer Strukturen auf der arabischen Halbinsel massiv angekündigt. Die alten Götter waren in Vergessenheit geraten, die Macht lag vor allem in Mekka in den Händen eines mächtigen Clans, und eine relativ große Gruppe sozial Benachteiligter wurde immer unzufriedener.
Auf diesem Hintergrund ist sowohl das Leben des Propheten als auch der Siegeszug des Islams als Reaktion auf die Verhältnisse der Zeit zu verstehen.
Das theologische System des Islams ist sehr einfach aufgebaut und entspricht den Prinzipien einer allgemein zu akzeptierenden Volksreligion. Die einzelnen Suren des Korans wurden teils zu Lebzeiten des Propheten auf einzelne Blätter aufgeschrieben, teils aber auch zunächst nur mündlich überliefert. Erst unter dem 2. Kalifen, Omar, wurden sie schriftlich fixiert und systematisiert (nach der Länge der einzelnen Suren). Aufgrund der Unrevidierbarkeit göttlicher Offenbarungen ist der Koran im Islam bis heute keiner historisch-kritischen Betrachtung unterzogen worden.
Trotz vieler Benachteiligungen der Frauen ist der Islam weniger frauenfeindlich, als es bei oberflächlicher Betrachtung den Anschein hat. Das ausgeprägte patriarchalische Verhalten muslimischer Männer in heutiger Zeit war im Frühislam unbekannt. Mohammed selbst hatte seinen eigenen Frauen gegenüber eine ausgesprochen liberale Haltung.

Didaktische Hinweise
Durch die Migration muslimischer Gastarbeiter seit den sechziger Jahren gehört die Konfrontation deutscher Staatsbürger mit den Angehörigen des islamischen Kulturkreises zum täglichen Leben. Die Fremdartigkeit ihrer Sitten und religiösen Gebräuche verursacht oft ein nicht geringes Unbehagen oder stößt auf totale Ablehnung.

Die in der Begegnung mit dem Islam involvierte Brisanz basiert oft auf mangelnder Information oder nur einseitiger Darstellung dieser Religion und ihrer Wertvorstellungen.

Aus diesem Grunde wird die hier angesprochene Problematik primär aus muslimischer Sicht behandelt. Suren, Hadithen und Überlieferungen früher islamischer Geschichtsschreiber bilden die Grundlage vorliegender Konzeption. Diese Quellen bilden eine anschauliche Ergänzung zu den fast immer kompendienhaft behandelten Ausführungen der meisten Schulgeschichtsbücher. Sie sind aufgrund ihres einfachen Sprachduktus von den Schülern relativ leicht zu verstehen und wegen ihrer Anschaulichkeit das Interesse der Schüler für die historischen Ereignisse der frühen Epoche des Islams zu wecken.

Eine intensive theologische Auseinandersetzung sollte im Religionsunterricht stattfinden.

Zu den Materialien
Übersicht

Themen	Methoden	Materialien
Kölner Dom und Blaue Moschee von Istanbul	Bildinterpretation	M 1.1
Arabien: Vegetationszonen	Karteninterpretation	M 1.2
Mohammeds Berufung	Textinterpretation	M 1.3
Die Hedschra des Propheten	Rollenspiel	M 1.4
Verfassungsurkunde von Medina	Dsgl.	M 1.5
Koranseite	Bilderläuterung	M 1.6
Was ein guter Muslim beachten muß	Textinterpretation in Gruppenarbeit	M 1.7
Frauen im Islam	Bildinterpretation	M 1.8
Die Stellung der Frau nach dem Koran	Textinterpretation und Diskussion	M 1.9
Mohammed über die Frauen	Dsgl.	M 1.10
Mohammed und Chadidscha	Textinterpretation	M 1.11
Arm und reich – Die beiden Sindbade	Häusliche Lektüre	M 1.12

M 1.1 Der Kölner Dom und die Süleymaniye, die »Blaue Moschee« von Istanbul (Folie in der Medientasche)

Die Folie dienst als Einstieg und Sprechimpuls, um das Vorwissen der Schüler zu aktivieren. Von der Beschreibung der sakralen Bauwerke ausgehend können grundsätzliche Unterscheide erarbeitet werden.

(Skizzen: Kirche und Moschee)

Kirche (kath.):
1. Altar als Symbol des Abendmahltisches
2. Der Priester vollzieht das Meßopfer
3. Die Gläubigen feiern gemeinsam mit dem Priester
4. Ausrichtung auf den Altar
5. Vom Glockenturm werden die Christen zur Meßfeier gerufen
6. –

Moschee:
1. –
2. Jeder Gläubige kann Vorbeter sein
3. Der Imam leitet das Gebet, das jeder Muslim nach vorgeschriebenem Ritus in arabischer Sprache verrichtet
4. Ausrichtung nach Mekka
5. Vom Minarett aus ruft der Muezzin die Gläubigen fünfmal am Tag zum Gebet
6. Brunnen zu rituellen Waschungen vor jedem Gebet

Tafelbild

Die rituelle Waschung dient nicht der körperlichen Reinigung, sondern der Befreiung von Sünden

M 1.2 Arabien, Vegetationszonen

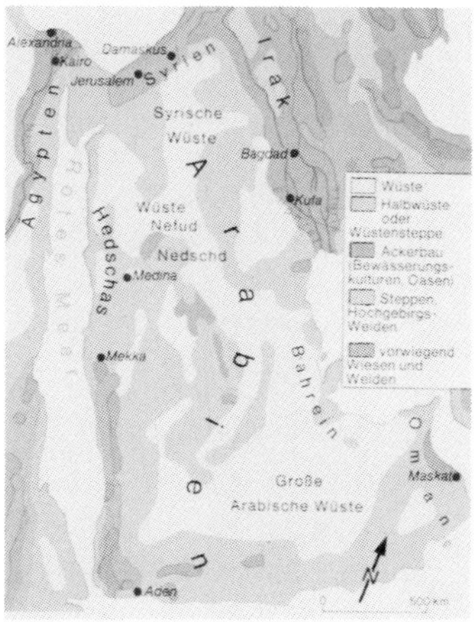

(Folie in der Medientasche)
Anhand der Vegetationszonen können Vermutungen über das Leben der Araber in der Wüste geäußert werden. Die bevorzugte Lage der Städte Mekka und Medina, aber auch die grundverschiedenen politischen Strukturen sowie die sozialen, religiösen und kulturellen Verhältnisse dieser Städte müssen geklärt werden.
Erst auf diesem Hintergrund wird der Erfolg des Islams, die Konstitutierung des Staates von Medina, aber auch die Stabilisierung der Stellung Mekkas als religiöses Zentrum erklärbar und verständlich.

Mekka	Medina
Handelsstadt an der sog. Weihrauchstraße am Rande eines fruchtbaren Gebietes	Oasenstadt inmitten einer Wüstensteppe
Umschlagplatz für Waren vom Jemen nach Damaskus	Dattelpalmenoase; Anlaufstelle für Beduinen
Reiche Oberschicht, aber auch viele Unzufriedene, Arme und Unterprivilegierte	Halbseßhafte Beduinen, die von Viehzucht und dem Verkauf von Datteln leben
Die Kaaba als zentrales Heiligtum für ganz Arabien	Jede Sippe hat ihre eigene Hausgottheit, die in Vergessenheit gerät, wenn die Sippe weiterzieht
Die Herrschaft liegt in den Händen eines mächtigen Clans	Die einzelnen Sippen sind miteinander verfeindet
Oligarchisch regiert	Eher anarchische Zustände

Tafelbild

M 1.3 Mohammeds Berufung zum Propheten Allahs

Ibn Ishâk, der um 750 lebte und als der erste islamische Historiker gilt, beschreibt das Leben des Propheten nach authentischen Berichten von Zeitzeugen. Diese Hadith sind als historische Quellen zu betrachten.

In »Die Berufung« schildert Mohammed, wie er von Gott durch seinen Engel gezwungen wird, sein Prophetenamt anzunehmen. Obgleich der Text erst etwa 120 Jahre nach dem Tod des Propheten aufgeschrieben wurde, sollte eine quellenkritische Erörterung unterbleiben, wenn religiöse Rücksicht auf muslimische Schüler zu nehmen ist.

Lösung der Aufgaben
a) Schreiben mit einer hohlen Vogelfeder
b) Die Bücher der Bibel
c) Mohammed diktierte den Text.
d) Mohammed kann sich seiner Berufung nicht entziehen.

M 1.4 Die Hedschra des Propheten

Der Text eignet sich als Grundlage für ein Rollenspiel

Lösung der Aufgaben
a) Mohammed konnte durch seine Verkündigung viele Mekkaner zum Islam bekehren. Die herrschenden Clans befürchteten den Verlust ihrer Macht, die auch auf der Verehrung der lokalen Gottheiten beruhte.
b) Sie wollten schweren Schaden von ihrer Stadt abwenden; es handelte sich um ein politisches Urteil
c) Die Sicherheit der Authentizität ist bei mündlicher Weitergabe geringer als bei frühzeitiger schriftlicher Fixierung; Gefahr der legendären Ausschmückung.

M 1.5 Die Verfassungsurkunde von Medina

Die Echtheit des Textes ist in der Forschung umstritten; jedoch lassen sich aus ihm eindeutig die Prinzipien erkennen, welche die Gemeinde der Gläubigen, die Umma konstituieren. Nicht mehr die Stammeszugehörigkeit, sondern der Glaube an den einen Gott bildet die Grundlage für das neue Gemeinwesen.

Lösung der Aufgaben
a) Nur die Muslime; die Religion trat an die Stelle der herkömmlichen Bindung wie Clan und Stamm.

b) Nein
c) Nein, nur mit Zustimmung ihrer Familie
d) Prophet (= Mittler zu Gott), Richter, Anführer im Krieg – also geistlicher und weltlicher Führer zugleich
e) Weil Mohammed zugleich geistliches und weltliches Oberhaupt war
f) Diese Urkunde diente der Sicherung des inneren Friedens und der gemeinsamen Verteidigung der Umma gegen Angriffe von außen.

M 1.6 Die erste Seite eines Korans mit türkischer Übersetzung (1924, Sure 1 und 2)
(Folie in der Medientasche)

Die Seite zeigt den »verehrungswürdigen« Koran in Arabisch jeweils auf dem zur Buchmitte gewandten Teil, die türkische Übersetzung, die im Prinzip bereits eine Interpretation ist, an den Rändern. Zudem ist der eigentliche Text kunstvoll verziert.
Um religiöse Gefühle nicht zu verletzen, sollte man diese Seite den Schülern nicht fotokopiert überlassen.

M 1.7 Was ein guter Muslim beachten muß

Anhand dieser Quelle können die Schüler in Gruppenarbeit das Glaubensbekenntnis und die »Fünf Pfeiler des Islams« selbst erarbeiten.

Lösung der Aufgaben
a) Am Ende der Zeiten werden die Dinge »auf dem Kopf stehen«; alles wird sich ändern (die Beispiele hier als pars pro toto).
b) 1. Glaubenszeugnis ablegen
   2. das Gebet verrichten
   3. Sozialabgaben entrichten
   4. im Ramadan fasten
   5. nach Mekka pilgern
c) Das Glaubensbekenntnis lautet: Ich glaube an Gott, an seine Engel, an seine Gesandten, an den Jüngsten Tag und die Vorherbestimmung des Guten und des Bösen.

M 1.8 Frauen im Islam (Folie in der Medientasche)

Das Bild Nr. 1 zeigt iranische Frauen auf der Tribüne bei einer Massenveranstaltung zum 6. Jahrestag der Revolution 1985 in Teheran. Bild Nr. 2 zeigt eine türkische Muslimin mit einem im traditionellen Muster umhäkelten Kopftuch.

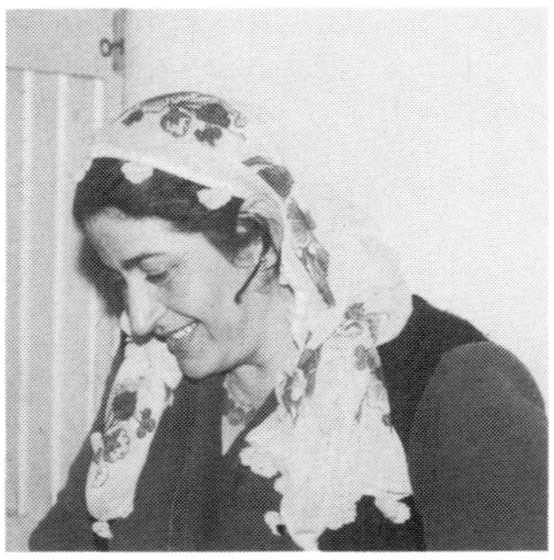

Bei der Beschreibung und Interpretation der Bilder muß zwischen der Stellung der Musliminnen schiitischer (Nr. 1) und sunnitischer (Nr. 2) Glaubensrichtung differenziert werden.

M 1.9 Die Stellung der Frau nach dem Koran

Diese Suren sollten erst im 9. oder 10. Schuljahr eingesetzt und durch die Aussprüche Mohammeds in M 1.10 relativiert werden. Beide Quellen können als Grundlage für eine intensive Diskussion in der Klasse dienen. Aufgrund der Aktualität und Brisanz der Thematik ist eine schriftliche Bearbeitung nicht zu empfehlen.

Lösung der Aufgaben
a) Er verurteilt und verbietet es.
b) Von Emanzipation (lat. e manu capere: von der Hand nehmen) kann nur bei völliger Gleichberechtigung der Frau gesprochen werden
c) Im Jenseits
d) Zum Schutz der Frau. Im heutigen Islam wirkt sie jedoch diskriminierend.

M 1.10 Aussprüche Mohammeds über die Behandlung der Frauen

Lösung der Aufgaben
a) Im Vergleich mit den Koranstellen sollte deutlich werden, daß es Mohammed um die Verbesserung der Rechtsstellung der Frau, aber auch um ein echtes partnerschaftliches Verhältnis zwischen den Geschlechtern ging.
b) Die Frau hatte in Altarabien keine Rechtspersönlichkeit und konnte wie eine Ware behandelt werden; Mohammed stellte demgegenüber ihr Recht auf eigene Willensentscheidung heraus.

M 1.11 Mohammed und Chadidscha

Lösung der Aufgaben
a) Sie waren Vetter und Cousine
b) Eine Frau, die über eigenen Besitz verfügte, konnte z. B. auf eine Scheidung der Ehe hinwirken.
c) Daran, daß er, solange sie lebte, von der Möglichkeit der Polygamie keinen Gebrauch machte.

M 1.12 Arm und reich – die beiden Sindbade

Lösung der Aufgaben
a) Der Text schildert das soziale und wirtschaftliche Milieu Bagdads in seiner Glanzzeit.

b) Das Problem von arm und reich, das auch vom Islam nicht gelöst werden konnte. Er lehrte Armut in demütiger Ergebung in Gottes unerforschlichen Willen zu ertragen und auf eine Gleichstellung im Jenseits zu vertrauen.
c) Happy End!
d) Vor allem die Verse des Lastträgers und die Reimprosa des Schlusses.

2. Das arabisch-islamische Reich

Einführung (vgl. Basiswissen S. 9 ff.)

Mit der Verlagerung des politischen Schwerpunkts des islamisch-arabischen Großreichs nach Bagdad begann eine Periode, in welcher der Islam kaum noch als national-arabische Religion begriffen werden konnte. Altorientalische Einflüsse machten sich in zunehmendem Maße bemerkbar, und auch muslimische Nichtaraber zählten zu den Vollbürgern des Reiches. Der Islam wurde zu einer Weltreligion und Arabisch zu einer Weltsprache.

Der Erfolg der Araber bei der Besetzung Spaniens ist nicht zuletzt auf die Tatsache zurückzuführen, daß die iberoromanischen Einwohner der Halbinsel sich mit den Eroberern gegen die westgotische Oligarchie verbündeten. Als der letzte Westgotenkönig Roderich bei Xeres de la Frontera gefallen war (711), fand die weitere Eroberung kaum noch Widerstand.

Der Niedergang der islamischen Herrschaft in Spanien setzte verstärkt mit dem Eindringen nordafrikanischer Stämme ein, unter denen die Rivalität zwischen den einzelnen Statthaltern zunahm und das maurische Gebiet zeitweise in 28 Kleinstaaten zerfiel.

Bereits in der Mitte des 13. Jahrhunderts wurde auch Südspanien den christlichen Königreichen tributpflichtig, Granada für mehr als 200 Jahre.

Didaktische Hinweise

Diese Unterrichtseinheit gehört zum Stoffbereich des 6. bzw. 7. Schuljahres.

Das Ziel ist, nicht nur die große Ausdehnung des arabisch-islamischen Reiches zu vermitteln, sondern soweit wie möglich auch die mit der Eroberung verbundenen Probleme zu verdeutlichen.

Die Frage der Toleranz, die auch heute wieder von größter Bedeutung ist, kann am Beispiel Spaniens, in dem ethnische und religiöse Gruppen vergleichsweise friedlich zusammenlebten, aufgeworfen werden.

Die Arbeit mit historischen Karten – hier insbesondere mit den Karten zum Verlauf der Reconquista – bedarf der Anleitung durch den Lehrer. Während die meisten schriftlichen Quellen in Gruppenarbeit erschlossen oder als Hausaufgabe bearbeitet werden können, sollte die Interpretation der Karten im Klassenverband stattfinden.

Die Hinführung kann über entsprechende Suren des Korans oder Aussprüche Mohammeds bezüglich des Kampfes für den Islam erfolgen:

Tafelanschrift
Wer stirbt, ohne je gekämpft oder die Absicht zu kämpfen gehabt zu haben, stirbt im Zustand der Heuchelei. Die Schwerter sind die Schlüssel zum Paradies.

(Dem Propheten zugeschriebene Aussprüche. In: *Lewis*, Bd. I, S. 299)

Zu den Materialien

Übersicht

Themen	Methoden	Materialien
Ausbreitung des Islams	Karteninterpretation	M 2.1
Die Einnahme Alexandriens	Textinterpretation	M 2.2
Der »Staat Allahs« und die Nicht-Muslime	Lesen eines modernen Historikertextes	M 2.3
Ein guter Rat für den Kalifen	Textinterpretation	M 2.4
Zwei Königinnen in Bagdad	Dsgl.	M 2.5
Berichte aus aller Welt	Dsgl.	M 2.6
Der Hafen von Aleppo	Bildinterpretation	M 2.7
Galeere des Glaubens	Dsgl.	M 2.8
Der Löwe Allahs	Dsgl.	M 2.9
Bilderverbot	Textinterpretation	M 2.10
Die Eroberung Spaniens	Dsgl.	M 2.11
Die Alhambra	Bildinterpretation	M 2.12
Islamische Gartenbaukunst	Textinterpretation	M 2.13
Garten in der Alhambra	Bildinterpretation	M 2.14
Vorschriften für die Muslime von Sevilla	Textinterpretation, Erkundungsauftrag	M 2.15
Die Reconquista	Karteninterpretation	M 2.16
Der Fall Granadas	Lesen eines literarischen Textes, Diskussion	M 2.17

M 2.1 Die Ausbreitung des Islams bis 715
(Folie in der Medientasche)

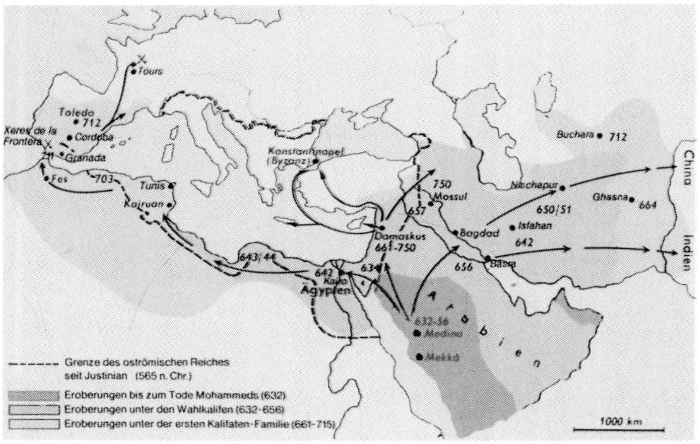

Die Frage nach den Staaten, die heute auf dem seinerzeit eroberten Territorium liegen, kann mit Hilfe des Atlas geklärt werden.

Lösung der Aufgaben

a) (Die Eintragung in die Tabelle kann durch ein entsprechendes Tafelbild vorbereitet werden.)
- Bis zu Mohammeds Tod war fast die Hälfte Arabiens erobert.
  - Arabien, Syrien, Jordanien, Ägypten und ein großer Teil der nordafrikanischen Küste, Iran, Irak.
  - Tunesien, Marokko, der größte Teil Spaniens, Vorstoß nach China und Indien, Vorstoß nach Anatolien, zum Kaspischen Meer und zum Baikalsee.

b) Problematisch waren u. a. der militärische Nachschub, die Übermittlung von Nachrichten, die Sicherung der eroberten Gebiete.

M 2.2 Die Einnahme Alexandriens

Die meisten Eroberungen fanden nicht aufgrund offener Feldschlachten statt, sondern waren das Ergebnis mehr oder weniger langer Belagerungen der Städte.

Lösung der Aufgaben

a) Nach dem Koran durften Christen und Juden nicht zum Übertritt gezwungen werden. Mögliche Motive für den Übertritt zum Islam: z.B. religiöse Überzeugung, Opportunitätsdenken (Angst vor Nachteilen, Erwartung von Vorteilen)

b) Vergleich der Christen mit Schweinen, die dem Islam als »unreine« Tiere gelten

c) Schonung der Besiegten; Toleranz gegenüber den Christen; Chance, durch Übertritt zum Islam zu den Siegern zu gehören

M 2.3 Der »Staat Allahs« und die Nicht-Muslime

Der Text stellt für diese Jahrgangsstufe gewisse Anforderungen, die jedoch im Klassengespräch bewältigt werden können.

Lösung der Aufgaben

a) Der Islam gestattete – mit Ausnahme der heidnischen Araber – keine gewaltsame Missionierung.

b) Die Zahlung der Armensteuer gehört zu den Grundpflichten der Muslime (Fünf Pfeiler); sie sicherte ein Minimum an sozialer Fürsorge durch den Staat.

c) Die Beschränkung auf die Araber hätte den Islam zu einer Religion unter vielen gemacht; sein Anspruch,

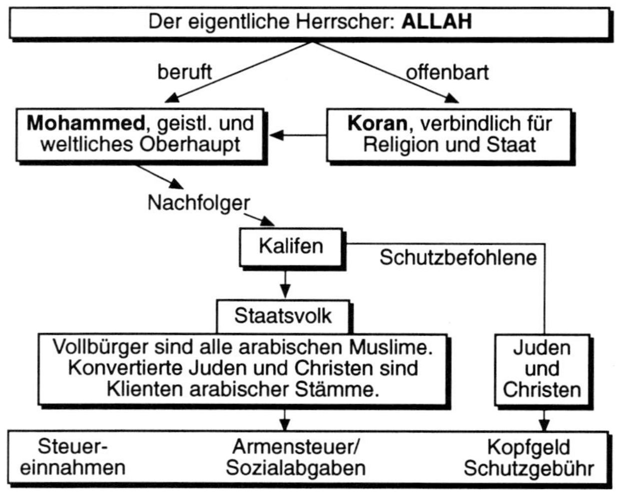

Tafelbild

die letztgültige Offenbarung zu besitzen, mußte ihn die national-arabischen Schranken überwinden lassen.

M 2.4 Ein guter Rat für den Kalifen Harun al-Raschid (786-809)

Die literarische Tradition der »Fürstenspiegel« reicht aus der Antike bis in die Gegenwart, wenn sie auch in republikanischen und demokratischen Staaten andere Formen angenommen hat – von Leitartikeln über Parteiprogramme, Regierungserklärungen bis zu Verfassungstexten und umfangreichen politischen Gesamtentwürfen und Utopien.

Lösung der Aufgaben

a) Dem Fürsten wird gleichsam ein Spiegel vorgehalten, in dem er ein Idealbild erblicken kann.

b) Es handelt sich um allgemeine ethische Grundsätze, die auch ohne die ursprüngliche religiöse Fundierung Geltung haben.

c) Er muß gottesfürchtig, arbeitsam und gerecht sein.

d) Gleichheit im Sinne von »Jedem das Seine«; d.h. keine willkürliche Bevorzugung oder Benachteiligung. Natürlich waren die Christen und Juden den Muslimen rechtlich und politisch nicht gleichgestellt.

M 2.5 Zwei Königinnen in Bagdad

Für das Verständnis dieses auf einer persischen Quelle basierenden Textes ist es nützlich – aber nicht notwendig – zu wissen, daß der nach altorientalischem Vorbild eingerichtete Harem politischen Einfluß gewann, und daß über die Mutter des zweiten Thronfolgers, eine persische Prinzessin, in verstärktem Maße persisches Kulturgut und altorientalische Philosophie in die vom arabischen Islam geprägten Strukturen eindrangen.

Lösung der Aufgaben

a) Frauen haben sich nicht in die Politik einzumischen. Sie gehören ins Haus und haben dem Manne zu dienen. Dies steht im Einklang mit dem Koran.

b) Historische Beispiele aus der Glanzzeit des Islams können zeigen, daß die heutige Benachteiligung der Musliminnen nicht von Anfang an so rigide war und daß auch Frauen politische Leistungen vollbringen können.

M 2.6 Berichte aus aller Welt

Die weitgespannten Handelsinteressen der Araber ließen eine für das Mittelalter unerhörte Weltkenntnis entstehen. Allerdings geht aus den Texten auch die starke Subjektivität und selektive, von Vorurteilen getrübte Wahrnehmung der Beobachter hervor.

Lösung der Aufgaben

a) Nicht tief; sie blieben meist im Beobachten von Äußerlichkeiten stecken. Auch finden sich Irrtümer: »weiße« Japaner, dumme Nordländer; Deutschland und Frankreich gelten als ein Königreich; die Angaben über die schmutzigen Franken sind maßlos übertrieben.

b) Natürlich verglichen die arabischen Kaufleute die nördlichen Völker, die fast keine Städte kannten, mit ihrer hochentwickelten Stadtkultur, die zu dieser Zeit in Europa nichts Vergleichbares hatte.

M 2.7 Hafen von Aleppo aus der Kosmographie von Thevet, Paris 1575)

Es handelt sich um einen französischen Holzschnitt, bei dem es nicht um eine getreue topographische Wiedergabe, sondern um das Exotische eines fernen Landes geht.

M 2.8 Galeere des Glaubens

M 2.9 Der Löwe Allahs

M 2.10 Bilderverbot

Die beiden Abbildungen M 2.8 und M 2.9 stellen eine für den Islam typische Kunstgattung vor. Neben arabischen Schriftzeichen als Gestaltungsmitteln und den Versen des Korans besitzen beide Abbildungen auch einen von Schülern zu erkennenden Symbolgehalt. Eine literarische Grundlage zu M 2.10 konnte leider nicht gefunden werden.

Die Bilderfeindlichkeit des Islams geht angeblich auf den hier wiedergegebenen Ausspruch Mohammeds zurück. Sie ist nicht zu allen Zeiten und in allen Regionen streng eingehalten worden, z.B. nicht im persischen Mittelalter. Einerseits schränkte sie die künstlerische Produktion im Islam außerordentlich ein, andererseits aber führte sie zur Ausbildung einer speziellen Ornamentik. Es erscheint didaktisch wichtig, diesen Zusammenhang deutlich zu machen.

Die Begründung des Bilderverbots ist vor dem Hintergrund des gleichzeitigen »Bilderstreits« in Byzanz und der heidnischen Tradition zu sehen, Götter in Tier- und Menschengestalt figürlich zu repräsentieren. Ähnliches gilt übrigens auch für die kalvinistische Reformation des 16. Jahrhunderts: Das Wort Gottes soll nicht durch die Gefahr einer naiv-einfältigen Bilderverehrung beeinträchtigt werden.

Lösung der Aufgaben

a) Gestaltung aus arabischen Schriftzeichen: Schiff mit Rudern (und Ruderern), Mast und hohem Bug und Heck; über den Bug schwappt eine Welle, die symbolisch verstanden werden soll: Gefährdung des Islams durch die Ungläubigen; Bedeutung des Steuermannes und der Ruderer zur Verteidigung des wahren Glaubens. Mast und Segel garantieren das Vorwärtskommen des Schiffes, d.h. des Islams. Der Löwe, der König der Tiere, steht als Symbol für den Glaubenskämpfer Ali.

b) Die durch Buchstaben abgebildeten Tiere und auch Menschen bedeuten keinen Widerspruch zu diesem Verbot, weil sie nur Abstraktionen, keine realistischen Darstellungen sind und zudem aus Koranversen gebildet wurden, also Schrift sind.

M 2. 11 Eroberung Spaniens

Im Vorfeld muß das Verhältnis der ibero-romanischen Bevölkerung zu der ebenfalls christlichen westgotischen Herrenschicht dargestellt werden.

Lösung der Aufgaben

a) z. B. politische Differenzen zwischen Julian und Rodrigo

b) Die Eroberung des größten Teiles der iberischen Halbinsel durch die Muslime

c) Der Name sollte die Erinnerung an den Beginn der Eroberung festhalten

M 2.12 Die Alhambra. Saal der zwei Schwestern und Löwenhof

Das Bild soll einen Eindruck von der überwältigenden Eleganz dieser Architektur vermitteln, die mit der spätgotischen Baukunst im christlichen Abendland korrespondiert. Die an Tropfstein-Formationen erinnernden Wandverkleidungen sind aus Gips geformt.

M 2.13 Islamische Gartenbaukunst

Der literarische Text demonstriert die Bedeutung der Gartenkultur im islamischen Raum und damit zugleich den Hochstand der Kultur überhaupt; noch heute sind die maurischen Bewässerungsanlagen eine der Grundlagen für den Gartenbau im südlichen Spanien. Didaktisch wichtig ist jedoch die Berücksichtigung des Umstandes, daß es sich um den Lebensstandard der Oberschicht handelte.

Lösung der Aufgaben

a) Wegen der sommerlichen Hitze und Trockenheit

b) Das Paradies wurde als Garten (Eden) vorgestellt.

c) Für die wohlhabende Oberschicht

d) Der kulturelle Vorsprung der islamischen Länder

M 2.14 Garten in der Alhambra

M 2.15 Vorschriften für die Muslime von Sevilla (12. Jh.)

Die Vorschriften erlauben einen Einblick in die Wirtschafts- und Sozialstruktur einer südspanischen Großstadt. Da solche Ge- und Verbote Mißbräuche abstellen und künftig verhindern sollten (mit welchem Erfolg, muß offenbleiben), lassen sich zugleich die Probleme der Stadtverwaltung angesichts der klimatischen Verhältnisse, vor allem aber auch des Zusammenlebens dreier Religionen erkennen.
Aufgabe c) stellt einen Erkundungsauftrag dar, der auch arbeitsteilig gelöst werden kann; er soll das im Text dargestellte Problem als heute – wenn auch in anderer Form – immer noch wichtig werden lassen.

Lösung der Aufgaben

a) Schutz der Käufer, Vermeidung von Streit, Einhaltung der Hygiene und des Alkoholverbots für Muslime, Einschränkung der Bewegungsfreiheit der Frauen.
b) Sommerhitze, die Waren leicht verderben läßt
c) (siehe oben)
d) Weil die Muslime die Empfänger der göttlichen Offenbarung sind, dürfen sie keine niederen Dienste für Ungläubige verrichten.
e) Aufgrund des Korans; dessen Vorschriften werden hier konkretisiert.

M 2.16 Die Reconquista (Karten)

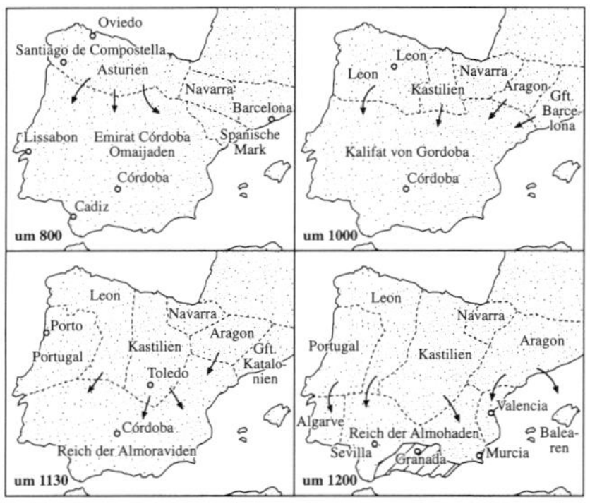

Den Karten ist nur der Verlauf der Reconquista zu entnehmen; die Ursachen ihres Erfolges müssen vom Lehrer genannt oder allenfalls über Schüler-Vermutungen eingebracht werden: Die wichtigsten sind der Impetus durch die Kreuzzugsideologie, der hier – weil der territoriale Zusammenhang gewahrt blieb – anders als in Palästina zum Siege führte, sowie die territoriale Aufsplitterung der maurischen Herrschaftsgebiete.

Karte 4 zeigt die Dominanz von Aragon und Kastilien, die zur Entstehung Spaniens im 16. Jahrhundert führte.

Lösung der Aufgaben

a) Die Rückeroberung der maurischen Gebiete verlief zunächst nur langsam. Im 12. und 13. Jahrhundert machte sie schnelle Fortschritte, bis schließlich (bis 1492) nur noch Granada übrigblieb.
b) Zerfall der maurischen Herrschaft in viele Kleinstaaten; gemeinsames Vorgehen der christlichen Staaten

M 2.17 Der Fall Granadas

Die Darstellung Irvings wurde hier nicht wegen ihrer romantischen Stimmung gewählt, sondern weil sie eine mündliche Überlieferung festgehalten hat, anhand derer das Problem der Sage als historischer Quelle erörtert werden kann. Zugleich bietet sie Ansätze zur Diskussion wichtiger ethischer und politischer Probleme der Gegenwart.

Zu Aufgabe c): Vergleichbar ist – bei allen Unterschieden – der Assimilierungsdruck, der teils direkt (über das Arbeits- und Rechtssystem, z.B. Schulpflicht in deutschsprachigen Schulen), teils indirekt (Übernahme der Werte des Gastlandes vor allem in den Folgegenerationen) wirkt.

Zu Aufgabe d): Der Kommentar Irvings wird natürlich dem persönlichen Format Karls V. alles andere als gerecht. Gerade deshalb eignen sich Zitat und Kommentar jedoch vorzüglich für eine Diskussion des zugrundeliegenden nicht nur individualethischen, sondern auch politischen Problems, dessen Dimension am Beispiel Hitlers deutlich wird.

Lösung der Aufgaben

a) Sie ist nicht unwahrscheinlich. Mündliche Weitergabe von Generation zu Generation
b) Der Staat von Granada beherrschte die Meerenge von Gibraltar und war der letzte nichtchristliche Fremdkörper auf der gesamten Halbinsel. Zugleich war von hier die muslimische Eroberung Spaniens ausgegangen, so daß der Vorgang auch Symbolkraft besaß
c) (siehe oben)
d) (siehe oben)

Ergebnissicherung: Multiple-Choice-Aufgaben

Lösung der Aufgaben

1b, 2c, 3b, 4a, 5c, 6a, und 6c, 7c, 8a, b, c und d.

Spanien und der Islam

1. Im 8. Jahrhundert eroberten islamische Heere die iberische Halbinsel. Die strategische Lage Gibraltars war für die Eroberung besonders wichtig. Wie gelang es den Mauren, die Meerenge zu überwinden?
a) Die muslimischen Araber griffen Gibraltar mit ihren Schiffen an. ☐
b) Der christliche Statthalter verbündete sich mit den Mauren, weil er sich an seinem König rächen wollte. ☐
c) Die christlichen Heere flohen vor der Übermacht der muslimischen Angreifer. ☐

2. Die Eroberung des gesamten christlichen Abendlandes durch den Islam wurde verhindert durch
a) den gemeinsamen Kampf aller spanischen Königreiche gegen die islamischen Heere, ☐
b) die geographischen Gegebenheiten (Berge) der iberischen Halbinsel, ☐
c) den Sieg Karl Martells über die Araber in der Schlacht von Tours und Poitiers (732). ☐

3. Mit der Eroberung Spaniens durch die muslimischen Araber begann
a) die zwangsweise Bekehrung aller christlichen Bewohner Spaniens zum Islam, ☐
b) eine relativ friedliche Epoche des Zusammenlebens von Juden, Christen und Muslimen, ☐
c) die Verfolgung aller nichtislamischen Bewohner Spaniens. ☐

4. Etwa mit dem Beginn der Kreuzzüge begann auch die Reconquista, die Rückeroberung Spaniens. Warum verlief diese zunächst nur langsam?
a) Für die sich im Norden der iberischen Halbinsel neu bildenden Königreiche war die Verfolgung eigener Interessen wichtiger als der gemeinsame Kampf gegen die Mauren. ☐
b) Die christlichen Ritter weigerten sich, gegen die Mauren zu kämpfen. ☐
c) Christen und Mauren schlossen einen Vertrag über die Grenzen ihrer Hoheitsgebiete. ☐

5. Im 8. Jahrhundert wurde aus dem spanischen Emirat das Kalifat von Córdoba. Die Umwandlung bedeutete:
a) Die Mauren erkannten den Kalifen von Bagdad als den rechtmäßigen Nachfolger Mohammeds an. ☐
b) Der Kalif von Cordoba und der Kalif von Bagdad waren nun gleichberechtigte Herrscher aller Muslime. ☐
c) Mit der Gründung eines eigenen Kalifats verstießen die Mauren gegen das islamische Gesetz der Unteilbarkeit des Kalifats und der Gemeinschaft aller islamischen Gläubigen, der Umma. ☐

6. Bis zum 13. Jahrhundert war fast ganz Spanien von den Christen zurückerobert. Welche beiden Gründe waren für diesen Erfolg ausschlaggebend?
a) Durch die Gründung christlicher Orden wurden die Bestrebungen, den Islam zu bekämpfen, verstärkt. ☐
b) Die muslimische Bevölkerung hatte sich zum christlichen Glauben bekehrt. ☐
c) Das islamische Kalifat war durch die Rivalität der einzelnen in Südspanien regierenden Statthalter in viele Kleinstaaten aufgespalten. ☐
d) Viele Mauren waren nach Afrika zurückgekehrt. ☐

7. 1492 wurde Granada, der letzte Stützpunkt der Mauren, von den christlichen Heeren eingenommen. Welches historische Ereignis war dafür ausschlaggebend?
a) Der letzte Herrscher von Granada wurde ermordet. ☐
b) Die Mauren verweigerten ihrem Herrscher die Gefolgschaft. ☐
c) Durch die Heirat Isabellas von Kastilien und Ferdinands von Aragon wurden die beiden größten Hoheitsgebiete auf der iberischen Halbinsel vereinigt und so der Grundstein für das spätere spanische Königreich gelegt.

8. Welche Bedeutung hatte die erfolgreich abgeschlossene Reconquista für Spanien und das christliche Abendland? (Du kannst hier mehrere Antworten ankreuzen.)
a) Bei den Bewohnern der iberischen Halbinsel entwickelte sich ein katholisch-spanisches Nationalgefühl. ☐
b) Das christliche Abendland konnte sich aus der islamischen Umklammerung befreien. (Denke an die Eroberung des Balkans durch muslimische Heere!) ☐
c) Juden und Mauren wurden zwangschristianisiert oder mußten das Land verlassen. ☐
d) Im katholischen Spanien wurde religiöse Toleranz zu einem strafbaren Vergehen. ☐

3. Türkische Expansion

Einführung (vgl. Basiswissen S. 11 ff.)

Mit dem Eindringen turkmenischer Stämme in den islamischen Machtbereich begann eine Zeit schwerer kriegerischer Auseinandersetzungen, wobei türkische Krieger oft auf verschiedenen Seiten kämpften.

Von ausschlaggebender Bedeutung wurden zunächst jene Stämme, die bei ihrem Vordringen nach Zentralasien in Gefangenschaft gerieten und als Beute oder auch Tribut nach Bagdad kamen. Bereits zu Anfang des 9. Jahrhunderts wurden aus diesen Sklaven im Auftrag des Kalifen Heere gebildet, die sich einen immer größeren Anteil an der Macht sicherten.

Türkische Militärsklaven spielten seit der Berührung mit dem Islam eine bedeutende Rolle. Es gelang ihnen sogar, ihre Herren zu stürzen und, wie die *Mameluken*, selbst die Macht zu ergreifen oder neue Sultanate zu gründen, wie die *Sklavensultane* in Delhi. Sklavenprinzessinnen konnten durch Heirat bis zur *Walide Sultan* aufsteigen und in die Politik eingreifen.

Die *Seldschuken* wiederum stiegen innerhalb der islamischen Dynastien schnell zu eigener Macht und Sultanswürde auf. Sie waren sunnitische Muslime, und daher galt ihr Kampf vorzugsweise dem schiitischen Zweig des Islams, den Fatimiden, in Ägypten. Die türkische Eroberung Jerusalems (1070) wurde zum auslösenden Moment für die Kreuzzüge.

Der zunächst im Dienst der Seldschuken stehende Kurde *Saladin*, der Jerusalem zurückeroberte, faszinierte bereits seine christlichen Zeitgenossen; man vergleiche aber auch Lessings Darstellung in »Nathan der Weise«.

Während die Macht der Seldschuken durch die Mongolenstürme zu Beginn des 13. Jahrhunderts gebrochen wurde, konnte sich das *osmanische* Reich vom Einfall der mongolischen Heere unter Timur zu Beginn des 15.Jahrhunderts schnell wieder erholen. Mit der Einnahme Konstantinopels 1453 unter Mehmed dem Eroberer trat es die Nachfolge des Byzantinischen Reiches an.

Didaktische Hinweise

Obwohl es in diesem Abschnitt immer wieder um Krieg geht, soll keine Kriegsgeschichte geboten werden. Deshalb stehen im Vordergrund die Folgen: Leid und Tod, aber auch politische Konsequenzen von oft großer Tragweite.

Im Zusammenhang mit den Kreuzzügen kommt dem Begriff des »Heiligen Krieges« eine zentrale Bedeutung zu. Aus christlicher Sicht bewirkte seit dem Pontifikat Gregors VII. (1073-1085) und der Lehre vom bewaffneten »Heiligen Heidenkrieg« die Teilnahme am Kreuzzug oder auch nur die Ausrüstung eines Kreuzritters den Erlaß zeitlicher Sündenstrafen im Jenseits. Auch aus islamischer Sicht definiert sich die Teilnahme am »Heiligen Krieg« als verdienstvoll für die Aufnahme ins Paradies.

Zu den Materialien

Übersicht

Themen	Methoden	Materialien
Urheimat und Ausbreitung der Turkvölker	Karteninterpretation	M 3.1
Die Mameluken	Textinterpretation	M 3.2
Raziya, die Sklavensultanin von Delhi	Lesen eines muslimischen Historikertextes	M 3.3
Benazir Bhutto	Illustration	M 3.4
Die Eroberung Jerusalems	Konfrontation zweier Texte zum gleichen Thema	M 3.5
Kreuzritter	Bildinterpretation	M 3.6
Saladin	Textinterpretation	M 3.7
Saladin	Illustration	M 3.8
Die Übergabe Jerusalems	Textinterpretation	M 3.9
Jerusalem	Karteninterpretation	M 3.10
Heilige Stätten	Bildinterpretation	M 3.11
Die Mongolen kommen!	Textinterpretation	M 3.12
Mongolische Reiter	Illustration	M 3.13
Der Fall Konstantinopels	Textinterpretation	M 3.14
Eroberung Konstantinopels	Illustration	M 3.15
Vom christlichen Abendland im Stich gelassen	Textinterpretation	M 3.16
Sultan Mehmed II.	Illustration	M 3.17

M 3.1 Urheimat und Ausbreitung der Turkvölker

Die Karte bedarf der Erläuterung durch den Lehrer, der anhand des Basistextes (S. 11) näher auf die Gründe der Wanderungen eingehen kann. Diese Gründe treffen zum Teil auch für die verschiedenen Migrationsströme der Gegenwart zu, z.B. Nahrungsmangel und Anziehungskraft der höheren Zivilisation. Auf die Völkernamen der Karte sollte kein Wert gelegt werden; jedoch ist die Ausbreitungskarte wichtig zum Verständnis der heutigen Situation der zahlreichen Turkvölker in Mittel-

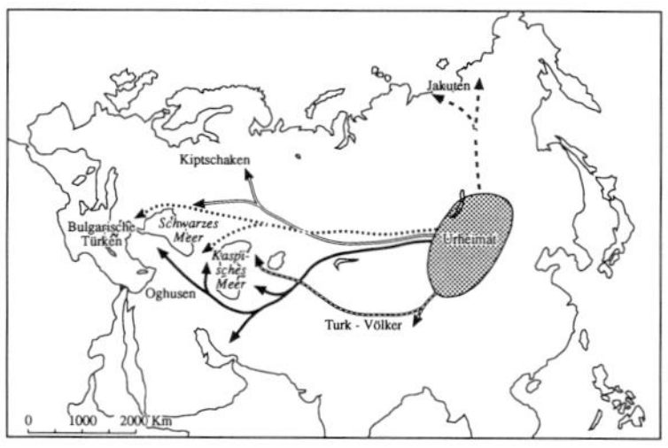

asien (ehemalige Sowjetrepubliken) und in den westlichen Grenzprovinzen Chinas.

Vergleichsweise kann auch auf die Gründe und Ursachen für die Germanische Völkerwanderung hingewiesen werden.

Als Einstieg kann von der gegenwärtigen Situation der Asylbewerber in der Bundesrepublik und den Hintergründen für ihre Migration ausgegangen werden.

Warum verlassen Menschen ihre Heimat?	
Überbevölkerung	Ethnische Verschiedenheit
Mißernten und Hungersnot	Verfolgung aus politischen Gründen
defizitäre Zivilisation	reiligiöse Intoleranz

Tafelanschrift

Verschiedene dieser Gründe trafen auch auf die turkmenischen Wanderungen zu. Im Unterschied zur gegenwärtigen Migration aber waren die »Wanderungen« der Turkvölker mit massiven kriegerischen Auseinandersetzungen verbunden.

M 3.2 Die Mameluken: Türkische Sklaven als Herrscher über Ägypten

Die Mameluken, türkische Militärsklaven in Ägypten, verdrängten im 13. Jahrhundert die von Saladin gegründete Dynastie der Aijubiden.

Der Sklavenhandel war bis teilweise in unser Jahrhundert hinein ein einträgliches Geschäft auch in arabischen Ländern. Vor allem Sklaven schwarzer Hautfarbe wurden in ihren Heimatländern gejagt, gefangen und auf Sklavenmärkten verkauft.Sie waren ein wichtiger wirtschaftlicher Faktor.

Mit der Frage der Vereinbarkeit solchen Menschenhandels mit den Menschenrechten kann diese Thematik eingeleitet werden, bevor intensiver auf die Problematik der Sklaven im Islam eingegangen wird. Hier muß unterschieden werden zwischen den üblichen Haussklaven und den Militärsklaven.

Als Überleitung zur Thematik können zwei kontrovers erscheinende Aussprüche Mohammeds eingesetzt werden.

> »Die schlimmsten Menschen sind die, welche Menschen kaufen und verkaufen.«
>
> »Mein Sohn, wenn du Geld für einen Sklaven besitzt, kaufe einen Sklaven, denn die Stirnlocke der Männer bringt Glück.«

(*Lewis*, Bd. II, S. 165)

Lösung der Aufgaben

a) Islam hat denselben konsonantischen Wortstamm slm und die gleiche Grundbedeutung wie Salem. Die Türken waren als Kriegsgefangene in die Sklaverei geraten.
b) Die Ungläubigen bekamen durch die Sklaverei die Chance, sich zum wahren Glauben zu bekehren.
c) Fremdherrschaft infolge der türkischen Herkunft der Mameluken; durch Angleichung an die ägyptischen Araber in Sprache und Lebensweise mußte sie jedoch bald nicht mehr als solche empfunden werden.

M 3.3 Raziya, die Sklavensultanin von Delhi

Raziya ist eine der immerhin insgesamt 16 islamischen Herrscherinnen, die zur Sultanswürde emporstiegen. So bemerkenswert dies angesichts des prinzipiellen Patriarchats des Islams ohnehin ist (man wird auf außerislamische kulturelle Einflüsse sowie auf außergewöhnliche persönliche Fähigkeiten schließen müssen), so beachtenswert ist es auch, daß ein moderner muslimischer Historiker der Regentin ein ganzes Kapitel widmet. Die Schüler sollten durchaus auf diesen Umstand hingewiesen werden, weil er ein Streiflicht auf die Auseinandersetzungen um die Rolle der Frau im heutigen Islam wirft.

Lösung der Aufgaben

a) Weil sie eine Frau war
b) Vergleichbar im prinzipiellen Konfliktansatz; unvergleichbar wegen der starken westlichen Einflüsse im heutigen Pakistan, das lange englische Kolonie war.

M 3.4 Benazir Bhutto als pakistanische Oppositionsführerin (1992)

M 3.5 Die Eroberung Jerusalems durch die Kreuzfahrer (1099)

Lösung der Aufgaben

a) Die Berichte stimmen in der Beschreibung des Mordes an der muslimischen Bevölkerung weitgehend überein; natürlich ist der Standpunkt unterschiedlich
b) Wegen des Kreuzsymbols auf Rüstung und Kleidung
c) Zum Verständnis: Die Kreuzfahrer waren bereits drei Jahre lang unterwegs, durch Entbehrungen und Verluste erschöpft und erbittert über den Widerstand, nachdem sie endlich vor ihrem Ziel angelangt waren. Zur Bewertung: Daß dieser Blutrausch mit ihrem Christsein nicht vereinbar war, wurde ihnen nach Wilhelm von Tyrus schließlich selbst bewußt (»demütig und zerknirscht«); d.h. es bedarf keiner modernen ethischen Norm, um solches Handeln zu verurteilen.

M 3.6 Kreuzritter

M 3.7 Saladin

M 3.8 Saladin (Bild)

Die Abbildung ist kein Porträt. Zum Text: Saladin wird sowohl von islamischen als auch christlichen Autoren im Sinne der hier wiedergegebenen Quelle dargestellt. Zwar relativiert sich seine Charakteristik durch M 3.9; doch sollte auch betont werden, daß die Ausschreitungen bei der Rückeroberung Jerusalems eine Ausnahme bildeten, deren sich Saladin später schämte.

Zur Aufgabe:
Es bietet sich an, ein fiktives negatives Gegenbild zu Saladin zeichnen zu lassen.

M 3.9 Die Übergabe Jerusalems an Saladin (1187)

Die Folgen der Übergabe werden drastisch geschildert, vor allem in Bezug auf die nicht freigekauften Frauen. Im Prinzip leitete die Eroberung Jerusalems durch Saladin eher eine friedliche Epoche ein, denn Juden wie Christen konnten wieder zu ihren Heiligtümern pilgern.

Lösung der Aufgaben

a) Alternative 1: Weitere Verteidigung mit der sicheren Aussicht auf Niederlage und entsprechende Folgen (Gefallene und Verwundete; Versklavung aller Überlebenden)
Alternative 2a: Freikauf innerhalb von 40 Tagen und Wegzug
und 2b: Versklavung bei Zahlungsunfähigkeit oder -unwilligkeit
b) Ihre Zukunft in der Fremde war ungewiß, so daß sie sich eine neue Existenz aufbauen mußten und dafür Geld brauchten.
c) Das geistige Dunkel, in dem alle Nicht-Muslime leben müssen
d) Für die Christen den Verlust des Zieles, dem alle Kreuzzüge gegolten hatten; für die Muslime den Wiedergewinn ihres drittgrößten Heiligtums (Felsendom, zugleich Stätte der legendenhaften Himmelfahrt Mohammeds)

M 3.10 Jerusalem, die Heilige Stadt dreier Religionen

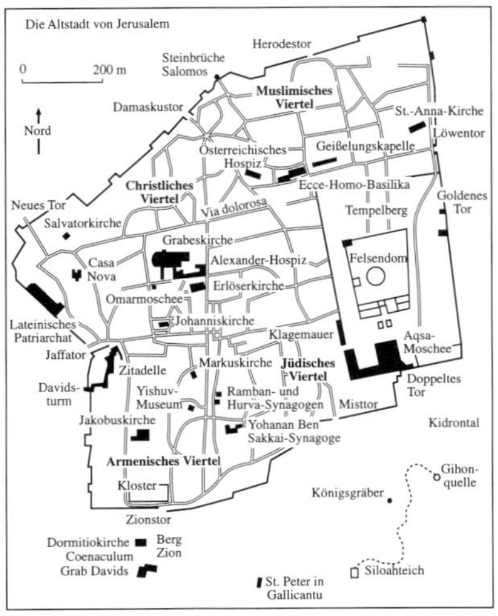

M 3.11 Heilige Stätten der Juden, Christen und Muslime

Die Klagemauer, ein Rest des herodianischen Tempelbaus, ist das höchste Heiligtum der Juden und das Symbol für Jahwes Gegenwart auf Erden. Die imposante Größe der Mauer – sie ist 18 m hoch und 48 m lang – kommt in der Abbildung nicht zum Ausdruck. Die in der Bezeichnung ausgedrückte Ansicht, hier werde von den Juden die Zerstörung des Tempels beklagt, ist nicht zutreffend.

Der Felsendom ist nach Mekka und Medina das drittgrößte Heiligtum des Islams. Über der Stätte, an der Abraham seinen Sohn Isaak Gott opfern wollte und zu der Mohammed in dem nächtlichen Erlebnis seiner Himmelfahrt entrückt wurde, wölbt sich ein von Süleyman dem Prächtigen mit Kacheln verzierter großer Kuppelbau.

Die Grabeskirche umschließt als Hauptheiligtum der Christen den Felsen von Golgata, die Stätte der Kreuzigung Christi, und das leere Grab des auferstandenen Heilands.

Zu den Aufgaben:
Die Abbildungen zeigen mit Halbmond und Kreuz eindeutige Identifizierungshilfen; schwieriger ist die Erkenntnis zu gewinnen, daß es sich bei den Männern vor der Klagemauer um orthodoxe Juden in ihrer spezifischen Kleidung handelt (am einfachsten dadurch zu vermitteln, daß beim jüdischen Gottesdienst Kopfbedeckung auch für Männer vorgeschrieben ist).

Hinsichtlich der Gegenwartsprobleme in und um Jerusalem ist die aktuelle Berichterstattung in den Medien in den Unterricht einzubeziehen.

Ergebnissicherung:
Im Verlauf der Kreuzzüge wurde Jerusalem 1099 von den Christen erobert, 1187 von den islamischen Heeren zurückgewonnen.

1. Der Kampf um Jerusalem bedeutete für die
   Christen **Muslime**
   - ☐ Befreiung der heiligen Stätten von den Ungläubigen ☐
   - ☐ die Eroberung von Siedlungslang ☐
   - ☐ die Verteidigung der hier lebenden Juden ☐
2. In Jerusalem waren die heiligen Orte der
   Christen **Muslime**
   - ☐ der Felsendom ☐
   - ☐ die Klagemauer ☐
   - ☐ die Grabeskirche, der Ölberg ☐
3. Nach der Eroberung behandelten die
   Christen **Muslime**
   - ☐ die Einwohner nach dem Gebot der Nächstenliebe ☐
   - ☐ ihre Gegner äußerst grausam ☐
   - ☐ Frauen und Kinder als besonders Schutzbedürftige ☐
4. Den Kampf gegen die Ungläubigen nannten die
   Christen **Muslime**
   - ☐ einen heiligen Krieg ☐
   - ☐ einen gerechten Krieg ☐
   - ☐ einen Krieg aus Lust am Kämpfen ☐
   - ☐ einen grausamen Krieg ☐
5. Für ihrem Kampf erwarteten die
   Christen **Muslime**
   - ☐ die Vergebung ihrer Sünden ☐
   - ☐ eine große finanzielle Belohnung ☐
   - ☐ Ruhm, Ehre und Achtung ☐
   - ☐ einen Platz im Paradies ☐

Abschlußdiskussion

Gab es »Heilige Kriege« nur im Mittelalter? Für die Grausamkeiten sogenannter »heiliger Kriege« in der Gegenwart kann der Golfkrieg von 1991 als eindrucksvolles Beispiel stehen:

> »Wehe uns, und Gottes Strafe für uns, wenn wir unsere Pflichten nicht rechtzeitig erfüllen ... Zu unseren Pflichten gehören der Kampf und der Dschihad (Heilige Krieg) für ein panarabisches Erwachen, das die Ordnung wiederherstellen soll und dem arabischen Menschen die ihm gebührende führende Rolle in Gottes Botschaft und im Leben wiedergeben soll.«

(Kommuniqué des Irak vom 8.8.1991, in: Spiegel-Dokument März 1990, S. 5)

M 3.12 Die Mongolen kommen

Lösung der Aufgaben

a) Timur zwang seine Untertanen durch die Androhung der Todesstrafe zur Befolgung seiner Befehle.
b) Feinde sind »Freiwild«, das getötet werden muß.

M 3.13 Mongolische Reiter

Die Mongolen wurden infolge ihrer Kampfstärke und ihrer Grausamkeit im 13. und 14. Jahrhundert der Schrecken Europas und Vorderasiens. Erst als nach Timur Lenk (»der Lahme«) das Mongolenreich zerfiel, konnte sich der osmanische Staat wieder konsolidieren.

M 3.14 Der Fall Konstantinopels

Der Fall Konstantinopels ist eines der Daten, mit denen wir das Ende des Mittelalters zu markieren pflegen. Seine weltgeschichtliche Wirkung ist kaum zu überschätzen (vgl. Basiswissen S. 13). Dies soll durch die zusammengehörigen Texte M 3.14 und M 3.16 auf indirekte Weise in das Bewußtsein der Schüler dringen; es kommt nicht auf die Details der eindrucksvollen Schilderung des hochgestellten Augenzeugen an, sondern auf den Gesamteindruck der militärischen und politischen Katastrophe, an der das römisch-katholische Europa durch Untätigkeit mitschuldig wurde und deren Folgen es bald genug zu spüren bekam.

Lösung der Aufgaben

a) Wäre der Kaiser durch Flucht entkommen, so hätte er den Versuch machen können, die Stadt wiederzugewinnen.
b) Im Kampf
c) (Bei der Beantwortung dieser Frage muß es, soweit es sich um die Psyche des Sultans handelt, bei Mutmaßungen bleiben. Deutlich ist jedoch die politische Berechnung und Weitsicht in seinem Verhalten gegenüber den Christen und ihrer Kirchenleitung zu erkennen, obwohl Sphrantzes dies als Falschheit und Heuchelei des »Übeltäters« interpretiert.)

M 3.15 Die Eroberung Konstantinopels 1453. Gemälde von Tintoretto (1518-1594), Venedig, Dogenpalast

M 3.17 Sultan Mehmed II. (1451-1481)

M 3.16 Vom christlichen Abendland im Stich gelassen

Lösung der Aufgaben

a) Die griechische Kirche war seit dem 11. Jahrhundert von der römischen getrennt; deshalb galten die Griechen im Abendland als abtrünnige Christen. Hauptsächlich dürfte jedoch Furcht vor den Türken der Grund für die unterlassene Hilfeleistung gewesen sein.
b) Die Anerkennung seiner Stellung als Oberhaupt auch der griechischen Kirche; die Beschränkung auf die Hauptkirche in Konstantinopel zeigt, welche Widerstände zu überwinden waren – der Kaiser glaubte, die Maßnahmen der Masse der Gläubigen nicht zumuten zu können.
d) Durch die Einnahme Konstantinopels wurde die Eroberung des Balkans vollendet und gesichert. Die Folgen wirken bis heute nach (Jugoslawien!)

4. Osmanisches Reich und christliches Europa in der Frühen Neuzeit

Einführung (vgl. Basiswissen S. 13ff.)

Belagerung und Befreiung Wiens im Jahre 1683 bilden den Wendepunkt in der Geschichte des Osmanischen Reichs. Als Ergebnis der Schlacht von Mohacz 1526 war fast ganz Ungarn unter die Herrschaft des Sultans geraten, und da König Ludwig gefallen war, hatten die Habsburger seine Nachfolge als Könige von Ungarn angetreten. Sie bildeten deshalb eine ständige Gefahr für den türkischen Besitz in der nördlichen Balkanhalbinsel, zumal diese von christlichen Völkern bewohnt war. Die Eroberung der Kaiserstadt Wien erschien deshalb als Schlüssel zur Sicherung der türkischen Eroberungen.

Die enorme Kraftanstrengung, die von osmanischer Seite auf die Belagerung Wiens verwendet wurde, rief auf der Gegenseite eine bis dahin ungeahnte Reaktion hervor. Unter dem Befehl von Rüdiger von Starhemberg verteidigte sich die Stadt aufs äußerste, und Kaiser und Reich faßten alle Kräfte zusammen, um die ungeheure Bedrohung abzuwenden.

Didaktische Hinweise

Die Materialien dieser Einheit setzen die Erarbeitung der Themen »Dreißigjähriger Krieg« und »Ludwig XIV. von Frankreich« im Unterricht voraus. Sie erlauben den Wechsel einer Perspektive von den innereuropäischen Entwicklungen zu der weltgeschichtlich mindestens ebenso wichtigen erneuten Konfrontation zwischen christlichem Europa und islamischem Orient, deren Folgen bis heute nachwirken. Der Aufstieg Österreich-Ungarns zur Großmacht ist ohne die Abwehr der türkischen Bedrohung und die anschließende Eroberung des Balkans nicht verständlich. Dasselbe gilt für die spätbarocke österreichisch-süddeutsche Kultur des 18. Jahrhunderts bis hin zur musikalischen Wiener Klassik. Insofern klafft in den meisten heutigen bundesdeutschen Lehrplänen und Schulbüchern eine empfindliche Lücke.

Ein Perspektivenwechsel ist auch innerhalb dieser Unterrichtseinheit angestrebt. Die deutsche, französische, türkische und polnische Sicht der Ereignisse können anhand der Texte erarbeitet werden.

In diesem Zusammenhang kommt dem Tagebuch des Zeremonienmeisters eine besondere Rolle zu, weil es das zeitlich unmittelbar zugehörige Zeugnis eines Beteiligten ist und nicht zur Veröffentlichung bestimmt war. Auch in der hier vorgelegten, stark gekürzten Fassung bietet der Text einen unvergleichlichen Einblick in das innere und äußere Geschehen auf islamischer Seite. Wegen seines Umfanges, aber auch seines spannungsreichen Inhalts bietet es sich zur häuslichen Lektüre an.

Die übrigen Materialien eignen sich vor allem für die gemeinsame Interpretation im Unterrichtsgespräch.

Zu den Materialien

Übersicht

Themen	Methoden	Materialien
Das Osmanische Reich bis 1683	Karteninterpretation	M 4.1
Die Janitscharen	Textinterpretation	M 4.2
Janitscharenoffiziere und -soldaten	Illustration	M 4.3
Europäischer Soldat um 1700	Illustration	M 4.4
Der Harem	Konfrontation zweier Bilder zum gleichen Thema	M 4.5
»Auf, auf, ihr Christen!«	Textinterpretation	M 4.6
Geheimdiplomatie	Textinterpretation	M 4.7
Empfang des französischen Gesandten	Bildinterpretation	M 4.8
Die Belagerung von Wien	Textinterpretation, Häusliche Lektüre	M 4.9
Türkische Zeltlager vor Wien	Illustration	M 4.10
Die türkisches Niederlage	Textinterpretation	M 4.11
»Unbesiegbare Husaren«	Bild- und Textinterpretation	M 4.12
König Jan Sobieski beim Einzug in Wien	Bildinterpretation	M 4.13
Polnische Husaren im Angriff	Bildinterpretation	M 4.14
Der Tod des Großwesirs	Textinterpretation	M 4.15

M 4.1 Das Osmanische Reich bis 1683

Die Karte soll die ungeheure Ausdehnung des Osmanischen Reiches veranschaulichen, das große Teile des Islam unter der Herrschaft des Kalifen-Sultans vereinigte. Von besonderer Bedeutung ist die völlige Kontrolle des vom östlichen Mittelmeerraum nach Süden und Osten führenden Handels – durch die Entdeckung des Seewegs nach Indien um Afrika herum wurde diese Position allerdings relativiert.

M 4.2 Die Janitscharen

Auch bei der Belagerung von Wien bildeten die Janitscharen den Kern der türkischen Truppen.

Die Idee der »Umerziehung« in Verbindung mit dem Konvertitensyndrom – beide im Beispiel der Janitscharen in geradezu klassischer Weise greifbar – kann auch heute noch in ähnlicher Weise virulent werden (z.B. Jugendsekten!). Es handelt sich also keineswegs um ein historisches Randphänomen; auch im National-

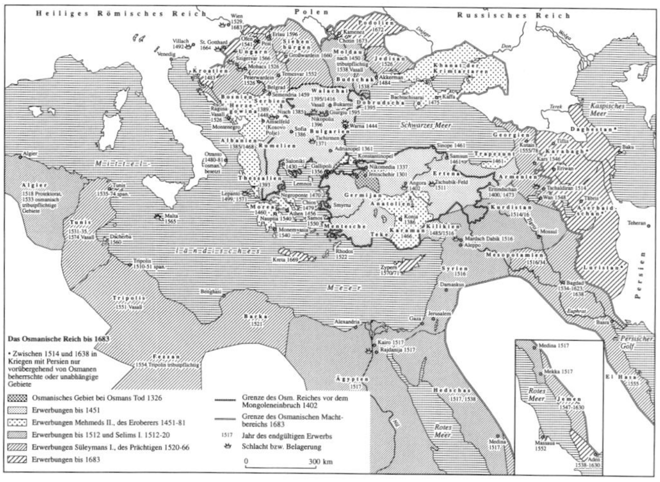

sozialismus und im Kommunismus war es allgegenwärtig.

Lösung der Aufgaben

a) In Sparta wurden die Knaben im Alter von sieben Jahren von ihren Eltern getrennt und in Lagern streng erzogen (»spartanische Erziehung«). In modernen Armeen werden Elite-Einheiten – z.B. in der US-Armee die Marine-Infanterie – besonders harten Bedingungen unterworfen.
b) Sie konnten eine Wahl mit Gewalt durchsetzen.
c) Die Prätorianer waren seit dem 2. Jahrhundert n. Chr. die Leibgarde der römischen Kaiser. Sie bildeten eine Elitetruppe, die dreifachen Sold erhielt und auch sonst bevorzugt behandelt wurde. Bei Thronwirren waren sie von entscheidendem Einfluß. 312 n. Chr. löste Konstantin die Truppe auf.
d) Nach dem Koran durften Christen und Juden nicht unter Zwang zum Islam bekehrt werden.
e) Sie versuchten zu beweisen, daß sie wahre Muslime waren.

M 4.3 Janitscharenoffiziere und –soldaten

M 4.4 Europäischer Soldat um 1700

(Farbbild in der Medientasche)
Die beiden Abbildungen dienen vornehmlich der Illustration, da die Unterrichtseinheit keine kriegsgeschichtlichen Informationen vermitteln will. Das zweite Bild vermag jedoch eine Vorstellung von der damaligen Gefechtstaktik zu geben. Wien war mit Bastionen ähnlich befestigt wie die hier im Hintergrund abgebildete Stadt; die türkischen Minen mußten also weit vorgetrieben werden, um unter die Stadtmauern zu gelangen und diese zum Einsturz zu bringen.

M 4.5 Der Harem – Realität und Vorstellung

In der Gegenüberstellung der Zeichnung des Ignaz Melling, der im 18. Jahrhundert in Konstantinopel weilte und für die Schwester des Sultans u.a. auch Gärten entwarf, und eines Gemäldes der romantischen Malerei des 19. Jahrhunderts zeigt sich die Diskrepanz von Realität und erotischer Fantasie von Europäern.

M 4.6 »Auf, auf, ihr Christen!«

Der Aufruf des Wiener Augustiner-Mönchs Abraham a Santa Clara, des überaus wortmächtigen Kanzelpredigers und Vorbildes für den Kapuziner in Schillers »Wallensteins Lager«, sollte nicht als literarisches Beispiel barocker Sprachspielereien mißverstanden werden; in ihm spiegeln sich ja Erregung und Angst ebenso wie Bereitschaft zum Widerstand. Wichtig ist auch die theologische Interpretation der bedrohlichen Lage: Die Christen haben sie durch ihren unchristlichen Lebenswandel selbst verschuldet, und es liegt deshalb an ihnen selbst, durch Tapferkeit den Zorn Gottes zu besänftigen und dadurch das Verhängnis abzuwenden.

Lösung der Aufgaben

a) Wortspiele, Reihenbildung, direkte Ansprache (»ihr«): Er will Leser und Hörer aufrütteln.
b) Auf die Sündenhaftigkeit der Christen, ihren Streit untereinander, den Lebenswandel der Soldaten
c) Rückkehr zur Tugend und Tapferkeit

M 4.7 Geheimdiplomatie

Das Gegenstück dazu bietet die Haltung des französischen Königs Ludwig XIV. Der »allerchristlichste König« – so eine seiner offiziellen Titulaturen – stand wie seine Vorgänger seit dem frühen 16. Jahrhundert in einem geheimen Bündnis mit dem Sultan, um im Dauerkonflikt der Häuser Bourbon und Habsburg einen Partner zu haben. Ähnlich wie im Dreißigjährigen Krieg, in dem das katholische Frankreich die deutschen Protestanten unterstützt hatte, stellte es auch jetzt seine Staatsräson über die gemeinsame religiöse Überzeugung. Ludwig XIV. wagte es jedoch nicht, seine indirekte Ermunterung der Pforte zum Angriff öffentlich bekannt werden zu lassen. Mutatis mutandis haben wir hier ein frühes Gegenstück zum geheimen Hitler-Stalin-Pakt von 1939 vor uns.

Lösung der Aufgaben

a) Als unbesiegbar, als der größte und stärkste der europäischen Fürsten
b) Mit dem Widerstand, der von seiten des Kaisers den Annexionen Ludwigs entgegengesetzt wurde
c) Es soll nicht bekannt werden, daß der christliche König von Frankreich den Feinden der Christenheit freie Hand läßt, weil dadurch sein Ansehen Schaden leiden würde. Notfalls bleibt ein Dementi möglich.

M 4.8 Empfang des französischen Gesandten durch den Sultan 1724
(Farbbild in der Medientasche)

Obgleich das Bild erst 40 Jahre später entstanden ist, vermag es doch als Quelle auch für die Atmosphäre am Hof des Sultans zur Zeit des Angriffs auf Wien zu dienen.

Lösung der Aufgaben

a) Größe (an der Menschenmenge zu erkennen); Boden- und Wandteppiche; kunstvoll gestalteter Kamin; Thron; teilweise verhängtes Fenster mit Blick in einen Park; Wandkacheln mit Blendfenstern; Fehlen von Mobiliar

b) Türkische Tracht: schwere, bis zum Boden reichende und mit Pelz besetzte Brokatmäntel; Turbane und hohe Hüte verschiedener Form und Farbe; Vollbart

c) Es handelte sich bei der Kleidung um eine Amtstracht, deren Einzelheiten den Rang kennzeichneten. Vergleichbar sind moderne Uniformzwänge und Rangabzeichen bei Armee und Polizei.

d) Sie sind wie kleine Erwachsene gekleidet (was auch in Europa selbstverständlich war). Es handelt sich um Pagen, Kinder aus vornehmen Häusern, zu deren Erziehung der Dienst am Hofe gehörte.

e) Die Erhabenheit und Unnahbarkeit sollte durch das umständliche Zeremoniell unterstrichen werden. (Es ist zu beachten, daß der Sultan zugleich Kalif war und damit, dem Papst vergleichbar, in der Nachfolge Mohammeds stand.)

f) Es handelt sich um ein Ehrengeleit.

M 4.9 Die Belagerung von Wien (Tagebuch des Zeremonienmeisters)

Dem geschichtstheologischen Verständnis der Situation bei Abraham a Santa Clara entspricht auf der Gegenseite die Tendenz im Tagebuch des Zeremonienmeisters der hohen Pforte, eines hohen Würdenträgers am Hof des Sultans (vergleichbar etwa mit einem heutigen Protokollchef). Wir kennen seinen Namen nicht; vermutlich hieß er Achmed. In seinen Aufzeichnungen spiegelt sich das Sendungsbewußtsein des Muslims, der den Willen Gottes zu erfüllen trachtet und die Gegner als Feinde des wahren Glaubens verachtet. Dies wird auch in der Behandlung der Gefangenen deutlich; bis auf verschwindende Ausnahmen werden sie grundsätzlich getötet, weil sie den Gläubigen Widerstand geleistet haben. Auf der Seite der Christen war dies seit langem nicht mehr der Fall, aber sie übernahmen in den folgenden Türkenkriegen dieses barbarische Vorbild.

M 4.10 Türkisches Zeltlager bei der ersten Belagerung Wiens 1529

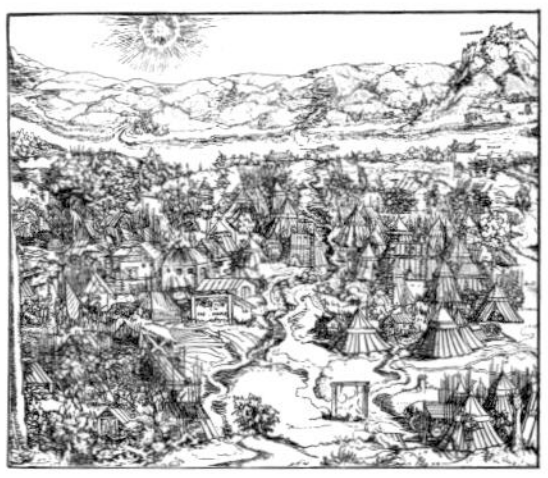

M 4.11 Die türkische Niederlage

Lösung der Aufgaben

a) Die Pauken dienten als Signalinstrumente für die Bewegungen der Truppe; die Heilige Fahne symbolisierte – wie auf der Gegenseite das christliche Kreuz – den Kampf für den rechten Glauben und diente zugleich als Orientierungshilfe: Solange die Fahne stand, war der Feldherr noch nicht besiegt.

b) »Ungläubige«, »Feinde des Glaubens«, »gottlos«, »wildgewordene Schweine« (wichtig: das Schwein galt und gilt den Muslimen als unreines Tier; der Verzehr seines Fleisches ist ihnen verboten), »erbärmliches Dasein«, »unselig«, »Schurken«.

c) Die Gefangenen hatten gegen die »wahren Gläubigen« und damit gegen Gott gekämpft; dieses Verbrechen mußte mit dem Tod gesühnt werden.

d) »Hochmächtiger, erhabener Großwesir«, »Streiter des Islams«, »kampfbegierige Streiter«, »wie ausgehungerte Wölfe«, »Glaubensbrüder«, »traurig und verstört«

e) Durch den »heiligen Ratschluß« und den »allerhöchsten Willen Allahs«, d.h.: Da der Wille Gottes unerforschlich ist, kann die Niederlage rational nicht erklärt werden; sie muß als Schicksal hingenommen werden.

M 4.12 »Unbesiegbare Husaren«

Entscheidend für die Befreiung Wiens wurde die Hilfe, die das polnische Heer unter König Jan Sobieski leistete. Bis heute spielt im polnischen Geschichtsbewußtsein dieser Beitrag zur »Rettung des Abendlandes« eine wichtige Rolle.

M 4.13 König Jan Sobieski beim Einzug in das befreite Wien

Es handelt sich um Historienmalerei des 19. Jahrhunderts, die nicht als zeitgenössische Bildquelle interpretiert werden darf. Sie ist jedoch Ausdruck polnischen Nationalbewußtseins in einer Zeit, da Polen unter die Nachbarn Rußland, Preußen und Österreich aufgeteilt war (seit 1795).

M 4.14 Polnische Husaren im Angriff

Lösung der Aufgaben
a) und b) Die Besinnung auf die eigenständige Geschichte spielt in beiden Fällen eine wichtige Rolle für die Bewahrung der nationalen Identität.
c) Die Zeichnung illustriert die »geflügelten« polnischen Husaren. Die Flügel dienten sowohl der optischen Illusion als auch – durch ihr Rauschen – der akustischen Einschüchterung des Gegners.

M 4.15 Der Tod des Großwesirs

Lösung der Aufgaben
a) Der Großwesir wurde für die Niederlage vor Wien verantwortlich gemacht.
b) Es fand kein Prozeß statt, in dem der Großwesir sich hätte verteidigen können.
c) Durch die Würde, mit der er in den Tod ging.

5. Der »Kranke Mann am Bosporus«

Einführung (vgl. Basiswissen S. 15 ff.)
Die mit dem Sieg von Wien 1683 beginnende Rückeroberung Ungarns führte im 18. Jahrhundert zu einer Serie von Kriegen Österreich-Ungarns gegen das Osmanische Reich, die, wenn auch mit Rückschlägen, die Grenze weit nach Süden verschoben.
Die seit dem 14. Jahrhundert währende türkische Herrschaft auf dem Balkan hatte tiefe Spuren hinterlassen; sie überformte die dortige nationale Gemengelage noch einmal beträchtlich.
Das antike Erbe hatte mit der Teilung des Römischen Reiches (endgültig 395) und mit der von zwei Zentren – Rom und Konstantinopel – aus vorangetriebenen Christianisierung bereits die Balkanhalbinsel in eine römisch-katholische und eine griechisch-orthodoxe Hälfte geteilt; die seit dem 6. Jahrhundert einwandernden slawischen Stämme nahmen, je nach Gebiet, die eine oder die andere Konfession an. Spätere Immigration – die der Ungarn im 9. und die der Deutschen (Siebenbürger »Sachsen«) im 12. und 13. Jahrhundert, beide der römischen Form des Christentums zugewandt, komplizierten die ethnischen und religiösen Verhältnisse weiter.
Die türkische Eroberung ließ durch den Übertritt einiger Bevölkerungen zum Islam und durch türkische Siedler wieder neue Gemengelagen entstehen, die durch die »Militärgrenze« noch weiter kompliziert wurden. Das Übergreifen des modernen Nationalgedankens und der Imperialismus der europäischen Mächte ließen daraus seit dem frühen 19. Jahrhundert bis zur Gegenwart immer neue politische Katastrophen entstehen.

Didaktische Hinweise
Die Unterrichtseinheit gehört in den Zusammenhang des Themas »Imperialismus«, das im 8. oder 9. Schuljahr zu behandeln ist. Sie soll Grundlagen schaffen für das Verständnis der Probleme, die auch noch die Gegenwart sowohl der islamischen Welt wie auch der politischen Gestaltung des Balkans (1991 Zerfall Jugoslawiens) bestimmen.

Zu den Materialien
Übersicht

Themen	Methoden	Materialien
Osmanisches Reich 1683–1922	Karteninterpretation	M 5.1
»Prinz Eugen, der edle Ritter«	Liedinterpretation	M 5.2
Prinz Eugen	Illustration	M 5.3
Die »Militärgrenze«	Lektüre eines modernen Historikertextes	M 5.4
Karte der »Militärgrenze«	Karteninterpretation	M 5.5
Nationalitäten im ehemaligen Jugoslawien	Karteninterpretation	M 5.6
Der Bau des Suezkanals	Textinterpretation	M 5.7
Suezkanal	Illustration	M 5.8
Warum Italien der Türkei 1911 den Krieg erklärte	Textinterpretation	M 5.9
Flucht und Vertreibung	Tabellenlesen	M 5.10
Türkische Tapferkeit	Textinterpretation	M 5.11
Alt- und Neustadt Tunis	Karteninterpretation	M 5.12
Schiitische Geistliche	Karikaturverstehen	M 5.13
Großbritannien und Ägypten	Dsgl.	M 5.14
Verwestlichung der Türkei	Kurzer Lesetext	M 5.15
Kemal Atatürk	Bildinterpretation	M 5.16
Türkisches Plakat	Dsgl.	M 5.17
Ägyptische Frauen	Dsgl.	M 5.18

M 5.1 Das Osmanische Reich 1683 – 1922

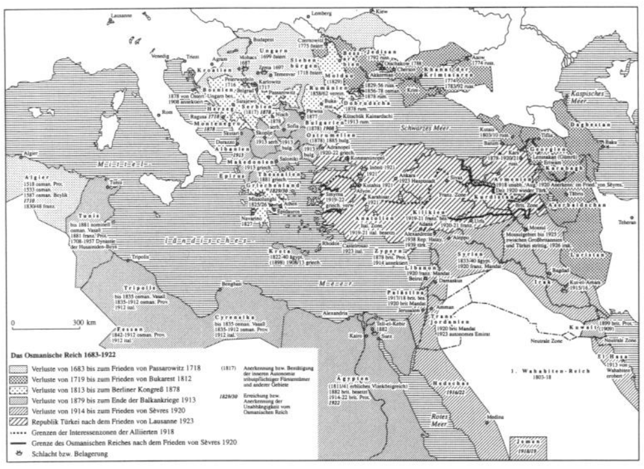

Die Karte korrespondiert mit der Karte M 4.1; sie zeigt die »Schwindsucht« des »Kranken Mannes am Bosporus«.

M 5.2 »Prinz Eugen, der edle Ritter«

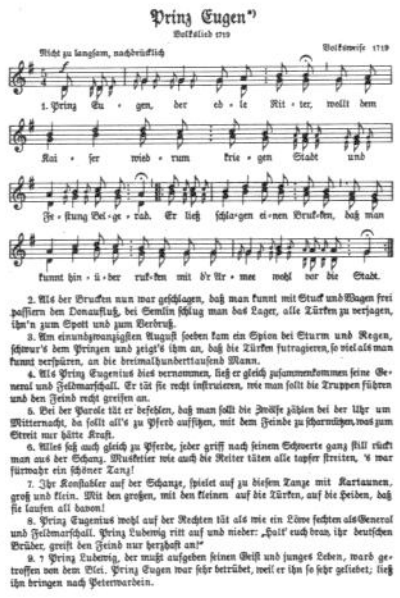

Das bis in unser Jahrhundert hinein sehr beliebte, weil melodisch überaus eingängige Volkslied vom Prinzen Eugen wurde im 19. Jahrhundert Grundlage für eine Ballade Ferdinand Freiligraths, die von Carl Loewe vertont wurde.

M 5.3 Porträt und Denkmal des Prinzen Eugen

M 5.4 Die »Militärgrenze«

Als Material dient nicht eine Quelle, sondern ein sekundärer Text. Zum Verständnis des eigenartigen Wortgebrauchs von Grenze ist die ursprüngliche Bedeutung des slawischen »Graniza« = bewaldeter Grenzstreifen hilfreich.

Lösung der Aufgaben

a) Die Militärgrenze war keine Linie, sondern ein mehr oder weniger breiter Gebietsstreifen

M 5.5 Karte der »Militärgrenze«

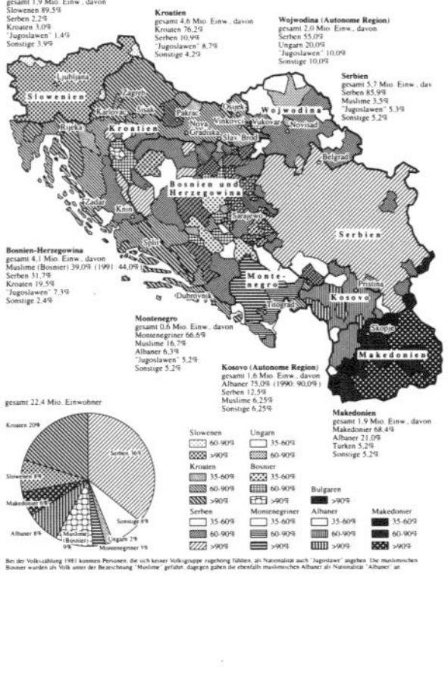

M 5.6 (rechts) Nationalitäten im ehemaligen Jugoslawien

M 5.7 Der Bau des Suezkanals

1857 begonnen und nach Überwindung enormer Schwierigkeiten 1869 vollendet, war der Bau des Suez-Kanals eine technische Meisterleistung, der erst 1903-1920 der Bau des Panamakanals folgte. Er wurde aber auch zum Symbol der Überlegenheit der europäischen und der Rückständigkeit der islamischen Länder, insbesondere des zum Widerstand unfähig gewordenen Osmanischen Reiches.

Deshalb war es mehr als eine Trotzreaktion, als der ägyptische Präsident Nasser 1956 die Konzession von 1856 nicht erneuerte und den Suez-Kanal verstaatlichte, weil die westliche Finanzierung für das Assuan-Staudamm-Projekt zurückgezogen wurde – eine Folge der Annäherung Ägyptens an die Sowjetunion. Großbritannien, Frankreich und Israel besetzten darauf die Kanalzone; die USA zwangen jedoch ihre Verbündeten, sich zurückzuziehen: Die Parallele zum gleichzeitigen Einmarsch der Sowjetunion in das aufständische Ungarn war zu peinlich.

Der spektakuläre Erfolg Nassers beflügelte die arabisch-islamische Renaissance, die in der Befreiung von Resten des westlichen Kolonialismus ein Fanal für den Wiederaufstieg der islamischen Welt erblickte.

Der Text sollte im Unterrichtsgespräch interpretiert werden, da er schwächeren Schülern eine Reihe von Schwierigkeiten bereiten kann. Auf jeden Fall ist während des Unterrichts eine Welt-Wandkarte zu verwenden, damit die Entfernungen für die Schiffahrt deutlich werden.

Lösung der Aufgaben

a) Der zeit- und kostenaufwendige Seeweg von Europa um Afrika herum nach Indien, Ostasien und Australien wurde gespart (durch den Kanal dauerte die Reise statt gut 20 nur 3 Wochen). Das Gleiche galt für den Landtransport von Schiffsgütern zwischen Suez und Port Said.
b) Großbritannien, Frankreich, die Niederlande und Portugal wegen ihrer Kolonien.
c) Es erhielt ständige Einnahmen für die Staatskasse sowie Arbeitsplätze beim Bau, Unterhaltung und Betrieb des Kanals.
d) Ägypten besaß weder Industrie noch eigene Ingenieure und Techniker zum Bau des Kanals.
e) 1. Um den gewaltigen Kapitalbedarf zu decken. 2. Weil kein einzelner fremder Staat allein wirtschaftlichen und politischen Zugriff auf den Kanal haben sollte.
f) Die weitverbreitete, auch in unserem Recht vorhandene 99-Jahre-Pachtklausel soll sowohl den Interessen des Pächters wie denen des Verpächters gerecht werden.
g) In der britischen Kronkolonie Hongkong leben auf engstem Raum ... Millionen Menschen in einem demokratisch und marktwirtschaftlich verfaßten Land, während die Volksrepublik China kommunistisch-planwirtschaftlich regiert wird.
h) Wie schon die Form eines persönlichen (also nicht veröffentlichten) Begleitbriefs an Lesseps zeigt, war die Oberhoheit des Sultans über Ägypten nur noch formell. Seine Zustimmung oder Nichtzustimmung war faktisch bedeutungslos.

M 5.8 Modellzeichnung des Suezkanals

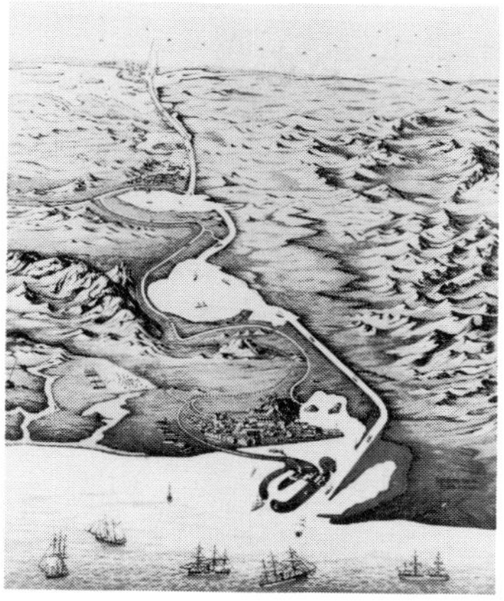

M 5.9 Warum Italien der Türkei 1911 den Krieg erklärte

Der Text bietet einen bemerkenswerten Einblick nicht nur in die Gedankenwelt der damaligen europäischen Eliten; er belegt auch den Druck, den die »öffentliche Meinung« – d.h. vor allem die Presse – auf sie ausübte. Die Rechtfertigung durch moralische Erwägungen (Sklavenhandel) erscheint als zweitrangig, und der in der Kriegserklärung genannte Grund ist erst recht vorgeschoben. Maßgeblich ist der Wille, bei der Verteilung der letzten noch nicht unter die Kolonialmächte aufgeteilten Gebiete Afrikas nicht leer auszugehen.

Wichtig ist auch der im Text nicht angesprochene Hintergrund, nämlich das Scheitern Italiens beim Versuch, durch die Eroberung Abessiniens (Äthiopiens) sich ein großes ostafrikanisches Kolonialreich zu schaffen (Niederlage von Adua 1896). Diese Scharte galt es auszuwetzen. (Übrigens gelang es 1935/36 Mussolini erst nach dem Einsatz von Giftgas, den erneuten Versuch zur Eroberung Äthiopiens erfolgreich zu beenden.)

Die Marokkokrise von 1911 bot einen willkommenen Anlaß, das letzte »freie« Stück der afrikanischen Gegenküste Süditaliens zu gewinnen, nachdem Frankreich bereits 30 Jahre zuvor Tunesien annektiert und Großbritannien ein Protektorat über Ägypten errichtet hatte.

Lösung der Aufgaben

a) Gründe:
   1. Rückständigkeit Libyens
   2. Gefahr eines Konflikts mit Frankreich
   3. augenblickliche Schwäche der Türkei

b) Politische Motive – hier der Rang Italiens im Kreis der europäischen Mächte und die Gunst des Augenblicks – sind vorrangig, moralische Beweggründe (zivilisatorischer Fortschritt für ein rückständiges Land durch Kolonialisierung) eher zweitrangig und bloße Vorwände. Keine ethischen Bedenken, die türkische Schwäche auszunutzen, solange sie noch anhält.

M 5.10 Flucht und Vertreibung

Lösung der Aufgaben

a) Die Idee des Nationalstaates, die auf dem Balkan noch viel schwerer als im westlichen Europa zu verwirklichen war (sprachliche und religiöse Gemengelage)

b) Schwierigkeit der Wohnungsbeschaffung, Ernährung und Eingliederung in das Erwerbsleben

c) Die Vertreibung der Deutschen aus den Ostprovinzen, der Polen aus der Ukraine u.v.a. könnten hier gebracht werden; wahrscheinlich werden Flucht und Vertreibung der Deutschen von einer Reihe von Schülern genannt.

M 5.11 Türkische Tapferkeit

Lösung der Aufgaben

- Desorganisation, Schlamperei, Mangel an Infrastruktur und Logistik

M 5.12 Alt- und Neustadt von Tunis

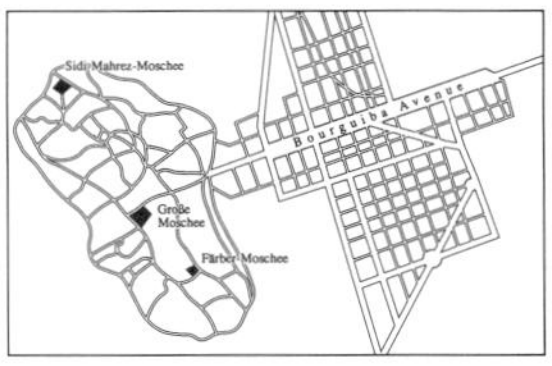

Bei der Interpretation ist darauf zu achten, daß sich keine Klischeevorstellungen im Sinne von »rückständig« und »fortschrittlich« festsetzen. Für die traditionelle Lebensweise seiner Bewohner bot das alte Tunis einen angemessenen Rahmen.

Lösung der Aufgaben

a) Altstadt: ohne einheitlichen Plan gewachsen, von einer Mauer umschlossen, enge Gassen zum Schutz gegen die Sonne. Neustadt: am Reißbrett entworfen mit breiten Avenuen (Promenier-, Fahr- und Paradestraßen), quadratisch oder rechteckig angelegten Wohninseln nach südeuropäischem (auf antikes Vorbild zurückgehendem) Muster. In den Grundrissen spiegelt sich der enorme Gegensatz zwischen traditioneller Lebensweise islamischen Zuschnitts, die sich seit dem Mittelalter kaum verändert hatte, und der rational bestimmten der europäischen Moderne, die sich schon in den Stadtplanungen des 18. Jahrhunderts (z. B. Karlsruhe und Mannheim) in ganz ähnlichen Lösungen manifestierte.

b) Obwohl wahrscheinlich ungewollt, legte der Grundriß der Neustadt eine solche Assoziation nahe. Der Triumph des Kreuzes über den Halbmond, d.h. des Christentums über den Islam, wurde zum Alptraum der Muslime seit dem Beginn der europäischen Kolonialherrschaft.

c) Das christliche und das islamische Mittelalter weisen zahlreiche Gemeinsamkeiten auf. Das vorliegende Beispiel zeigt, daß ungeplantes Wachstum städtischer Siedlungen zu vergleichbaren Ergebnissen führen konnte. Die Mauer faßte diese »organisch« gewachsenen Siedlungen in eine gegenüber der ländlichen Umgebung klar definierte, eben städtische Einheit.

M 5.13 Schiitische Geistliche (Ulema) bei einer Konferenz

Der Lehrer kann darauf hinweisen, daß die mittelasiatischen Republiken der ehemaligen Sowjetunion mit

Ausnahme von Armenien mehrheitlich von Muslimen bewohnt werden und nach dem Ende der kommunistisch-atheistischen Herrschaft auch hier der Prozeß der Rückbesinnung auf den Islam in Gang gesetzt worden ist. Insofern hat die Karikatur von 1906 auch einen sehr aktuellen Bezug.

Die politische Aussage der Karikatur ist ziemlich versteckt, da der Zeichner die zaristische Zensur berücksichtigen mußte.

Lösung der Aufgaben

a) Er sah die Gefährdung des Islams durch die russische als eine koloniale Herrschaft. Die Ulema sind ratlos und schließen die Augen vor der Gefahr.

M 5.14 Großbritannien verhandelt mit Ägypten über die Gewährung einer eingeschränkten Souveränität

Im Gegensatz zur vorhergehenden ist die politische Aussage dieser Karikatur sehr viel direkter, weil es im britisch beherrschten Indien eine weitgehende Pressefreiheit gab. Anzunehmen ist, daß der Zeichner auch auf die ähnlich gelagerten Verhältnisse in Indien anspielen wollte.

Lösung der Aufgaben

a) »Hochmütiges« Kamel, »demütiger« Esel; redender, waffenstarrender Brite, nachdenklicher, unbewaffneter Ägypter, hohe und niedrige Position, dem Reittier entsprechend

b) Ein mehr oder weniger erzwungenes Diktat

c) Nein. Der Zeichner stellt zwar die realen Machtverhältnisse dar, berücksichtigt aber nicht das – im Unterschied zu anderen Kolonialmächten – bemerkenswerte Entgegenkommen Großbritanniens, das seit dem 19. Jahrhundert seine Kolonien sukzessive in eine abgestufte Selbständigkeit entließ.

M 5.15 Medizin für die Krankheit: Verwestlichung der Türkei

M 5.16 Kemal Atatürk bei der Heirat seiner Adoptivtochter

Die Reformen Atatürks werden durch Bilder dokumentiert, was angesichts des weitgehenden Analphabetismus in der damaligen Türkei den angemessensten didaktischen Zugriff darstellt.

Lösung der Aufgaben

a) Die Festteilnehmer sind nach der europäischen Mode der Zwanziger Jahre gekleidet.

b) Als Vorbild auf die Erneuerer, erschreckend auf die Konservativen

c) Der Sinn lag in der extremen Auslegung der Koranvorschriften für das Verhalten von Frauen gegenüber fremden Männern, in der Anerkennung eines absoluten Patriarchats. Zum Gespött konnte dies bei den nicht-islamischen Nationen werden, insbesondere denen mit europäischer Zivilisation, die Vorbild für Atatürks Reformen waren.

M 5.17 Türkisches Plakat aus den Zwanziger Jahren
(Farbbild in der Medientasche)

Lösung der Aufgaben

a) und b) Das türkische Staatswappen erscheint im Bild viermal. Atatürk wird in der Pose des siegreichen Feldherrn dargestellt, in europäisch geschnittener Uniform, die Zügel in der Hand haltend. Die Frau neben ihm schwebt beinahe. Zwei Lorbeerkränze als Siegeszeichen gelten den beiden Figuren.

Die »Türkei« trägt das Staatswappen auf der Brust und als Kopfschmuck. Das Fehlen des Schleiers kennzeichnet die Befreiung der Frau; aber die Personifizierung des Staates durch eine Frau – eine Übernahme europäischer Tradition – ist ohnehin provozierend. Die Blumen symbolisieren eine glückliche Zukunft, in die die rechte Hand den Weg weist.

M 5.18 Ägyptische Frauen (Zeichnung von 1875)

Diese Zeichnung aus der Illustrierten Frauen-Zeitung zeigt den kulturgeschichtlichen Hintergrund und den revolutionären Wandel, den Kemal Atatürk in Gang setzte.

M 1.3 Mohammeds Berufung zum Propheten Allahs

Jedes Jahr im Ramadan zog sich Mohammed auf den Berg Hira zurück, um zu beten und zu meditieren. Sein Erlebnis am 27. Ramadan 610 schilderte er folgendermaßen:

> Als ich schlief, trat der Engel Gabriel zu mir mit einem Tuch wie aus Brokat, worauf etwas geschrieben stand, und sprach: »Lies!« »Ich kann nicht lesen«, erwiderte ich. Da preßte er das Tuch auf mich, daß ich dachte, es wäre mein Tod.

Dreimal forderte der Engel Mohammed auf und würgte ihn. Da fragte er aus Angst: »Was soll ich lesen?«

> Da sprach er: »Lies im Namen deines Herrn, des Schöpfers, der den Menschen erschuf. Lies! Denn der Edelmütigste ist dein Herr, Er, der das Schreibrohr zu brauchen lehrte, der die Menschen lehrte, was sie nicht wußten.«
>
> Ich wiederholte die Worte, und als ich geendet hatte, entfernte er sich von mir. Ich aber erwachte, und es war mir, als wären mir die Worte ins Herz geschrieben.
>
> Sodann machte ich mich auf, um auf den Berg zu steigen, doch auf halber Höhe vernahm ich eine Stimme vom Himmel: »O Mohammed, du bist der Gesandte Gottes, und ich bin Gabriel!«
>
> Ich hob mein Haupt zum Himmel, und siehe, da war Gabriel in der Gestalt eines Mannes, und seine Füße berührten den Horizont des Himmels. Und wieder sprach er: »O Mohammed, du bist der Gesandte Gottes, und ich bin Gabriel!«
>
> Ohne einen Schritt vorwärts oder rückwärts zu tun, blieb ich stehen und blickte zu ihm. Dann begann ich, mein Gesicht von ihm abzuwenden und über den Horizont schweifen zu lassen; doch in welcher Richtung ich auch blickte, immer sah ich ihn in der gleichen Weise. Den Blick auf ihn gerichtet, verharrte ich, ohne mich von der Stelle zu rühren.
>
> Schließlich wich die Erscheinung von mir, und ich machte mich auf den Rückweg zu meiner Familie.

Worterklärungen

Ramadan: Fastenmonat der Muslime

meditieren (lat.): intensiv über etwas nachdenken

Brokat: kostbarer Stoff aus Seide, der mit Gold- und Silberfäden durchwebt ist

Gabriel: nach jüdischer und christlicher Lehre einer der drei Erzengel

Aufgaben

a) Was bedeutet »das Schreibrohr brauchen«?

b) Durch welche Bücher hatte Gott schon vor Mohammed die Menschen belehrt?

c) Wie ist der Koran entstanden, wenn Mohammed nicht lesen und schreiben konnte?

d) Was bedeutet es, daß Mohammed den Engel überall sah?

M 1.4 Die Hedschra des Propheten

Über die Auswanderung Mohammeds nach Medina berichtet Ibn Ishâq:

Als die Kuraisch sahen, daß der Prophet außerhalb Mekkas Anhänger und Freunde gewonnen hatte und seine mekkanischen Gefährten zu jenen gezogen waren, mußten sie erkennen, daß diese bei den Medinensern Wohnung und Schutz gefunden hatten. Sie fürchteten, der Prophet werde nun selbst auch zu jenen gehen; sie wußten ja, daß er sich entschlossen hatte, gegen sie Krieg zu führen. Deshalb versammelten sie sich im Haus des Rates, um zu beraten, was sie nun in ihrer Furcht vor Mohammed tun sollten.

Einer von ihnen machte den folgenden Vorschlag: »Legt ihn in Eisen und schließt ihn ein! Dann wartet, bis er stirbt.«

»Nein, das ist kein guter Vorschlag«, sagte ein anderer. »Seine Gefährten, die euch zahlenmäßig überlegen sind, werden kommen und ihn befreien.«

Sie berieten weiter, und schließlich sagte ein anderer: »Laßt uns ihn aus dem Land vertreiben! Ist er uns aus den Augen, können wir unsere alte Eintracht wieder herstellen.«

»Auch dieser Vorschlag taugt nichts«, sagte einer. »Habt ihr nicht bemerkt, wie schön er sprechen und wie fein er sich ausdrücken kann und wie er die Herzen der Menschen mit seiner Botschaft gewinnt? Er würde sich bei irgendeinem Beduinenstamm niederlassen und diesen durch seine Worte derart überwältigen, daß er mit ihm gegen euch zieht, euch in eurem eigenen Land besiegt und euch die Herrschaft aus den Händen reißt.«

»Ich habe eine Idee«, sagte Abu Dschahl. »Wir sollten aus jedem Stamm einen angesehenen, edlen und starken jungen Mann holen und jedem von ihnen ein scharfes Schwert geben. Diese sollten sich ihn dann gleichzeitig vornehmen und ihn mit einem einzigen Hieb töten. Wir hätten dann endlich Ruhe vor ihm, denn die Blutschuld würde sich auf alle Stämme verteilen. Seine Sippe könnte nicht gegen alle Krieg führen, vielmehr müßte sie sich mit dem Blutgeld zufriedengeben, das wir ihr zahlen.«

Dieser Plan wurde angenommen.

Zum Propheten aber kam in der Nacht Gabriel und brachte ihm die Botschaft, daß Gott ihm die Erlaubnis erteilt habe, Mekka zu verlassen. Am 24. September 622 erreichte er Medina.

Die Kuraisch aber setzten hundert Kamele zur Belohnung für jenen aus, der ihn ihnen zurückbrachte.

Worterklärungen

Hedschra: Auswanderung Mohammeds von Mekka nach Medina

Kuraisch: der in Mekka herrschende Stamm

Medinenser: Bewohner der Oasenstadt Medina

Beduinen: Araber, die als Nomaden mit ihren Herden durch die Wüste ziehen

Blutgeld: das Geld, das der Mörder der Familie des Getöteten zur Sühne anbieten mußte

Aufgaben

a) Weshalb war Mohammed für die Mekkaner gefährlich geworden?

b) Wie läßt sich erklären, daß die Stammesführer bereit waren, Unrecht zu tun?

c) Welche Schwierigkeiten ergeben sich daraus, daß dieser Bericht erst 200 Jahre nach Mohammeds Tod aufgezeichnet wurde und der Verfasser sich vor allem auf mündliche Überlieferungen stützen mußte?

M 1.5 Die Verfassungsurkunde des Staates von Medina

Als Mohammed im Jahre 622, dem Jahr 1 der islamischen Zeitrechnung, nach Medina (Jathrib) auswanderte, traf er hier auf ein großes Gemeinwesen, dessen einzelne Familien sich in ständigen Fehden bekriegten. Die Feindschaft untereinander war so groß, daß es schon zu bewaffneten Auseinandersetzungen kam, wenn ein Mann nur das Gebiet einer anderen Sippe durchquerte.

Mohammed verfaßte eine Urkunde, die das Leben in Medina neu regelte. In dieser Urkunde heißt es unter anderem:

»Im Namen des barmherzigen und gütigen Gottes. Dies ist eine Urkunde von Mohammed, dem Propheten Gottes, über die Beziehungen zwischen den gläubigen Muslimen von Kuraisch (Mekka) und Jathrib (Medina), jenen, die ihnen folgen, sich ihnen angeschlossen haben und zusammen mit ihnen kämpfen. Sie sind *eine* Gemeinde in Unterscheidung zu anderen Menschen.

Das Tal von Jathrib (Medina) ist ein Heiligtum für die Leute dieser Urkunde.

Einem Gläubigen, der dem Inhalt dieser Urkunde zugestimmt hat und an Gott und den Letzten Tag glaubt, ist es nicht erlaubt, einem Übeltäter zu helfen oder ihm Zuflucht zu gewähren.

Die gottesfürchtigen Gläubigen stellen sich gegen jeden, der ungerecht gegen sie handelt oder versucht, Unrecht, Sünde, Feindschaft und Verderbtheit unter die Gläubigen zu streuen.

In jeder Frage, in der ihr uneins seid, wendet euch an Gott oder Mohammed.

Niemand aus der Gemeinde zieht ohne Erlaubnis Mohammeds in den Kampf. Derjenige, der auszieht zum Kampf, ist in Medina sicher wie derjenige, der nichts unternimmt, solange er nicht Unrecht oder Verrat begeht. Die Gläubigen rächen füreinander das im Heiligen Krieg vergossene Blut.

Die Juden, die uns folgen, genießen die gleiche Hilfe und Unterstützung, solange sie die Gläubigen nicht ungerecht behandeln und andere gegen sie unterstützen.

Einer Frau wird nur mit Zustimmung ihrer Familie Schutz gewährt.

Gott billigt diese Urkunde. Er schützt jeden, der aufrichtig ist und ihn fürchtet. Und Mohammed ist der Prophet Gottes.

Worterklärungen

Kuraisch: hier die Anhänger Mohammeds aus dem Stamme der Kuraisch, die mit ihm aus Mekka gekommen waren

Jathrib: ursprünglicher Name von Medina

Verfassungsurkunde: Grundgesetz

Heiliger Krieg (arab.: Dschihad): Kampf für den Glauben

Aufgaben

a) Wer gehörte zu der von Mohammed beschriebenen neuen Gemeinde, und wodurch grenzte sie sich von anderen Menschen ab?

b) Waren die Juden – die in Medina zahlreich waren – auch Mitglieder dieser Gemeinde?

c) Konnte eine Frau ohne weiteres Muslimin werden?

d) Beschreibe die Aufgaben Mohammeds in dieser Gemeinschaft!

e) Warum kann man die von Mohammed in Medina begründete Staatsform eine Theokratie (griech.: Gottesherrschaft) nennen?

f) Was wollte Mohammed mit dieser Urkunde erreichen?

M 1.7 Was ein guter Muslim beachten muß

Eine mündliche islamische Überlieferung (Hadith) erzählt:

Umar ibn al-Khattab sagte:

Während wir eines Tages beim Gesandten Gottes saßen, kam ein Mann auf uns zu, der sehr weiße Kleider anhatte, dessen Haar sehr schwarz war. Man konnte an ihm keine Spuren von der Reise erkennen, und niemand von uns kannte ihn. Er setzte sich zu dem Propheten und sagte: »O Mohammed, unterrichte mich über den Islam!«

Der Gesandte Gottes sagte: »Der Islam besteht darin, daß du bezeugst, es gibt keinen Gott außer Gott, und Mohammed ist der Gesandte Gottes; daß du das Gebet verrichtest, die Sozialabgabe entrichtest, den Ramadan fastest, die Wallfahrt zum Bethaus (in Mekka) vollziehst, wenn du dazu imstande bist.«

Der Fremde: »Du hast die Wahrheit gesagt.« Wir wunderten uns, daß er ihn fragte und ihm bescheinigte, die Wahrheit gesagt zu haben.

Der Fremde: »Unterrichte mich über den Glauben!«

Mohammed: »Daß du an Gott glaubst und an seine Engel, an seine Bücher, an seine Gesandten und an den Jüngsten Tag; und daß du an die Vorherbestimmung des Guten und des Bösen glaubst.«

Der Fremde: »Du hast die Wahrheit gesagt.« Dann sagte er: »Unterrichte mich über die guten Werke!«

Mohammed: »Du sollst Gott dienen, als würdest du ihn sehen; denn auch wenn du ihn nicht siehst, er sieht dich gewiß.«

Der Fremde: »Unterrichte mich über die Stunde (des Gerichts)!«

Mohammed: »Darüber weiß der Befragte nicht mehr als der Fragesteller.«

Der Fremde: »Dann unterrichte mich über ihre Vorzeichen!«

Mohammed: »Die Sklavin wird ihre Herrin gebären. Du wirst die barfüßigen, nackten und unabhängigen Schafhirten sich gegenseitig mit dem Bau hoher Häuser überbieten sehen.«

Darauf ging der Fremde fort. Ich blieb eine Weile sitzen. Da sagte der Prophet: »O Umar, weißt du, wer die Fragen stellte?« Ich sagte: »Gott und sein Gesandter wissen es besser.« Mohammed sagte: »Es war Gabriel. Er kam, um euch eure Religion zu lehren.«

Aufgaben

a) Versuche, die Bedeutung der »Vorzeichen« zu verstehen!

b) Welche fünf Vorschriften muß jeder gläubige Muslim befolgen? Man nennt sie »Die fünf Pfeiler des Islams«. Trage sie in die Zeichnung ein!

c) Du kannst dem Bericht auch das Glaubensbekenntnis des Islams entnehmen. Trage dieses in die Kuppel der Zeichnung ein!

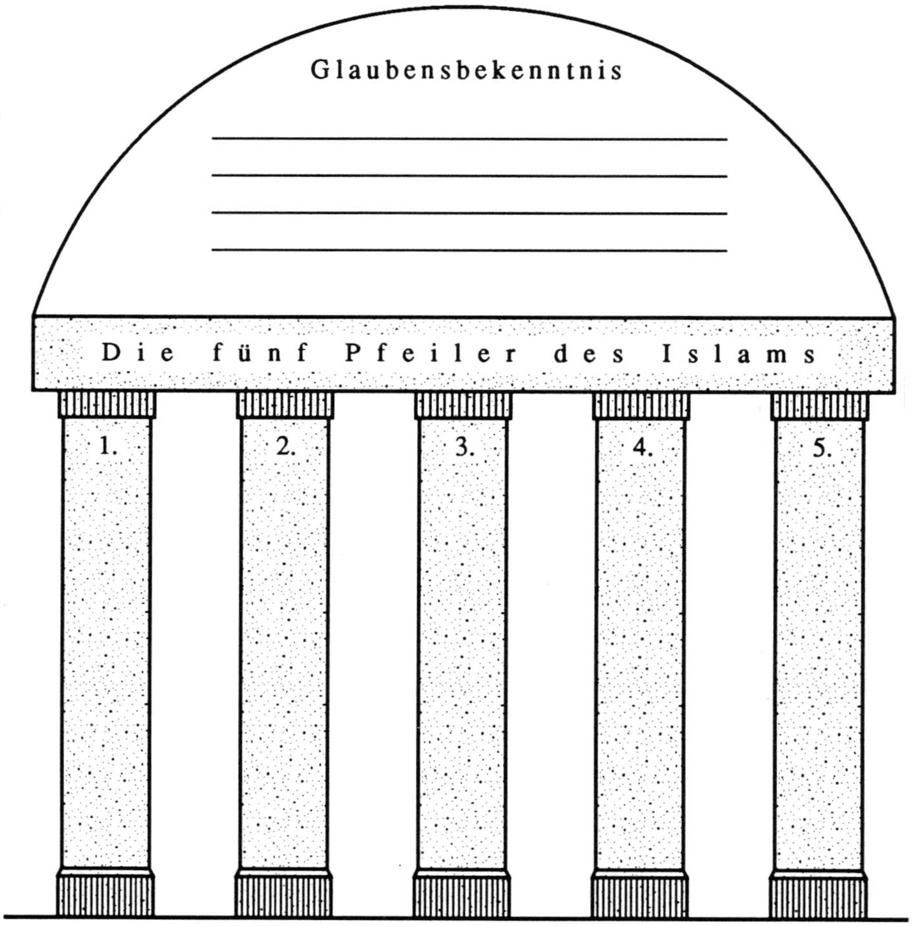

M 1.9 Die Stellung der Frau nach dem Koran

Sure 4,34:

Die Männer haben Vollmacht und Verantwortung gegenüber den Frauen, weil Gott die einen vor den anderen bevorzugt hat und weil sie von ihrem Vermögen (für die Frauen) ausgeben. Die rechtschaffenen Frauen sind demütig ergeben ... Ermahnt diejenigen, von denen ihr Widerspenstigkeit befürchtet, und entfernt euch von ihnen in den Schlafgemächern und schlagt sie. Wenn sie euch gehorchen, dann wendet nichts weiteres gegen sie an.

Sure 4,3:

Wenn ihr fürchtet, gegenüber den Waisen nicht gerecht zu sein, dann heiratet, was euch an Frauen beliebt, zwei, drei oder vier. Wenn ihr aber fürchtet, sie nicht gleich zu behandeln, dann nur eine.

Sure 4,129:

Und ihr werdet es nicht schaffen, die Frauen gleich zu behandeln, ihr mögt euch noch so sehr bemühen.

Sure 4,15:

Gegen diejenigen von euren Frauen, die Schändliches begehen, müßt ihr vier von euch zeugen lassen, Wenn sie es bezeugen, dann haltet sie in den Häusern fest, bis der Tod sie abberuft oder Gott ihnen einen Ausweg verschafft.

Sure 24,4/5:

Diejenigen, die den unter Schutz gestellten Frauen Untreue vorwerfen und hierauf nicht vier Zeugen beibringen, die sollt ihr mit achtzig Hieben geißeln. Nehmt von ihnen nie mehr eine Zeugenaussage an – das sind die (wahren) Frevler – mit Ausnahme derer, die danach umkehren und Besserung zeigen. Denn Gott ist voller Vergebung und barmherzig.

Sure 24,31:

Und sprich zu den gläubigen Frauen, sie sollen ihre Blicke senken und ihre Scham bewahren .. Sie sollen ihren Schleier auf den Kleiderausschnitt schlagen und ihren Schmuck nicht offen zeigen ... Sie sollen ihre Füße nicht aneinanderschlagen, damit man gewahr wird, was für einen Schmuck sie verborgen tragen.

Sure 16,58/59:

Wenn einer von ihnen von der Geburt eines Mädchens benachrichtigt wird, bleibt sein Gesicht finster, und er unterdrückt (seinen Groll). Er verbirgt sich vor den Leuten wegen der schlimmen Nachricht. Soll er es nun trotz der Scham behalten oder im Boden verscharren? Übel ist, wie sie das urteilen.

Sure 33,35:

Für die muslimischen Männer und Frauen, die gläubig, ergeben, wahrhaftig, geduldig, demütig sind, die Almosen geben, fasten, ihre Scham bewahren und Gottes viel gedenken – für sie hat Gott Vergebung und einen großartigen Lohn bereit.

Worterklärungen
Sure (arab.): Kapitel des Korans. Der Koran ist in Suren von abnehmender Länge, jede Sure in Verse eingeteilt
Waisen: hier sind Mädchen gemeint, die für ihre Erziehung eine Frau brauchen; unter Schutz gestellte Frauen: Ehefrauen

Aufgaben
a) Im vorislamischen Arabien durften neugeborene Töchter getötet werden (Sure 16). Wie urteilte Mohammed darüber?
b) Der Koran verbesserte die Stellung der arabischen Frauen. Warum kann man aber nicht von einer Emanzipation sprechen?
c) Wann werden Männer und Frauen gleich sein?
d) Wozu soll die Verhüllungsvorschrift für die Frauen dienen? Wie wirkt sie sich im heutigen Islam aus?

M 1.10 Aussprüche Mohammeds über die Behandlung der Frauen

Mündliche Überlieferungen (Hadith), gesammelt von frühen islamischen Gewährsleuten:

Djahima kam zum Propheten und sagte: »O Gesandter Gottes, ich möchte in den Feldzug mitziehen, so bin ich gekommen, dich um Rat zu bitten.« Mohammed fragte: »Hast du noch eine Mutter?« Er sagte: »Ja.« Mohammed sagte: »Dann bleibe bei ihr, denn das Paradies liegt zu ihren Füßen.«

Unter den Gläubigen zeigen diejenigen den vollkommensten Glauben, die den besten Charakter besitzen. Und die besten von euch sind diejenigen, die ihre Frauen am besten behandeln.

Wie kann jemand von euch seine Frau schlagen, wie man einen Sklaven schlägt, und dann, ohne sich zu schämen, kommen und sie umarmen?

Die ältere Unverheiratete darf nur mit ihrem eigenen Einverständnis verheiratet werden. Die Jungfrau darf nur verheiratet werden, nachdem sie nach ihrer Erlaubnis gefragt wurde.

Aufgaben

a) Vergleiche diese Aussprüche Mohammeds mit den einschlägigen Bestimmungen des Korans!

b) Was sagen der dritte und der vierte Ausspruch über die Stellung der Frau im vorislamischen Arabien, und worin bestanden die Verbesserungen, die Mohammed einführte?

M 1.11 Mohammed und Chadidscha

Im Alter von 25 Jahren trat Mohammed in den Dienst der reichen verwitweten Handelsherrin Chadidscha. Ibn Ishâq berichtet über sie:

Chadidscha war eine entschlossene, edle und kluge Frau mit allen Eigenschaften, mit denen Gott sie hatte auszeichnen wollen. Sie schickte nach Mohammed und soll dann zu ihm gesagt haben:

»O Sohn meines Oheims, ich liebe dich aufgrund unserer gegenseitigen Verwandtschaft, deines hohen Ansehens in der Familie, deiner Redlichkeit, deines guten Charakters und deiner Ehrlichkeit.«

Dann bot sie ihm selbst die Ehe an. Sie heirateten, und Mohammed gab ihr als Brautgabe 20 junge Kamele. Sie war seine erste Frau, und solange sie lebte, heiratete er keine andere. Chadidscha gebar ihm alle seine Kinder. Seine Söhne starben noch in heidnischer Zeit, während seine Töchter den Islam erlebten und mit dem Propheten die Auswanderung nach Medina mitmachten.

Aufgaben

a) Wie war Chadidscha mit Mohammed verwandt?

b) Die Brautgabe ging in den alleinigen Besitz der Frau über. Inwiefern verlieh ihr dies eine gewisse Sicherheit, wenn es Probleme in der Ehe gab?

c) Woran läßt sich erkennen, daß Mohammed Chadidscha sehr liebte?

M 1.12 Arm und reich – die beiden Sindbade

Im 9. Jahrhundert entstand eine große arabische Märchensammlung, die »Geschichten aus 1001 Nacht«. Darin findet sich auch das Märchen »Sindbad der Seefahrer«. Der folgende Text stammt aus der Einleitung zu diesem Märchen.

Zur Zeit des Kalifen Harun al-Raschid lebte in der Stadt Bagdad ein Mann, der Sindbad der Lastträger genannt ward. Er war ein armer Mann, der um Lohn Lasten auf dem Kopf trug. Eines Tages nun, als er eine schwere Last zu tragen hatte, begab es sich, daß er unter dem Gewicht fast zusammenbrach; denn es war ein sehr heißer Tag. Da kam er an dem Haus eines Kaufmanns vorbei, vor dem die Straße gefegt und gesprengt war; die Luft war dort kühl, und neben der Haustür stand eine breite Bank. Auf die setzte der Träger sein Last, um sich auszuruhen und Luft zu schöpfen.

Aus der Tor strömten ihm ein laues Lüftchen und ein lieblicher Duft entgegen. Daran hatte der Arme seine Freude, und so setzte er sich auch auf die Bank. Und nun hörte er von drinnen her Musik und das Zwitschern von Vögeln. Erstaunt trat er näher und entdeckte in dem Haus einen großen Garten, und der Duft von köstlichen Speisen wehte ihm entgegen. Da erhob er seinen Blick gen Himmel und sprach diese Verse:

Ich lebe in wachsenden Qualen dahin,
Ja, elend ergeht's mir, so schwer ist die Last!
Ein andrer ist glücklich und kennt keine Not,
In Freude und Herrlichkeit trinkt er und praßt.
Vom Mutterleibe kam jedes Geschöpf;
Und ich bin wie der da, und er ist wie ich.
Und doch, zwischen uns ist der Abstand so groß,
Wie wenn man den Wein mit dem Essig verglich.
Doch ich bin, o Herr, nicht ein hadernder Knecht,
Denn Du bist der Weise und waltest gerecht.

Als Sindbad der Lastträger seine Verse gesprochen hatte, wollte er seine Last wieder aufheben und weitergehen, doch da trat aus jener Tür ein Diener zu ihm heraus. Der ergriff den Lastträger bei der Hand und sprach zu ihm: »Tritt ein, mein Herr wünscht dich zu sprechen!«

Der Lastträger wollte sich weigern, mit dem Diener hineinzugehen; aber es gelang ihm nicht, und so ließ er seine Last bei dem Türhüter in der Vorhalle stehen und trat mit seinem Führer ins Innere des Hauses. Er sah eine große Halle und in ihr eine Schar von vornehmen Männern. Ein jeder der Gäste saß auf seinem Platze, der ihm nach seinem Range angewiesen war; doch auf dem Ehrenplatze saß ein großer und würdiger Herr, dessen Bart auf den Wangen schon von Grau gefärbt war. Sindbad der Lastträger machte eine höfliche Verbeugung, sprach den Gruß vor den Herren, wünschte ihnen Segen und küßte den Boden vor ihnen. Dann blieb er gesenkten Hauptes stehen.

Der Herr des Hauses gab ihm ein Zeichen, er möge näher treten und sich setzen, hieß ihn mit freundlichen Worten willkommen und ließ ihm etwas von den prächtigen Speisen vorsetzten. Sindbad der Lastenträger rückte an den Tisch heran und begann mit den Worten »Im Namen Gottes« zu essen, bis er ganz satt war. Dann sprach er: »Preis sei Allah in allen Dingen!«, wusch sich die Hände und dankte den Herren für das Mahl.

Doch der Hausherr sagte: »Das ist dir gern gegönnt; dein Tag sei gesegnet! Sag, wie heißest du und was für ein Gewerbe betreibst Du?« Jener gab zur Antwort: »Hoher Herr, ich heiße Sindbad der Lastträger, und ich trage um Lohn die Sachen der Leute auf meinem Kopfe.« Lächelnd fuhr der Hausherr fort: »Wisse, du Lastträger, ich habe denselben Namen wie du; ich bin Sindbad der Seefahrer. Doch nun wünsche ich, o Träger, daß du mich noch einmal die Verse hören lässest, die du sprachest, als du an der Tür standest.« Da schämte sich der Träger und erwiderte: »Bei Allah, ich beschwöre dich, sei mir nicht böse! Mühsal und Qual und leere Hände lehren den Menschen schlechte Sitten und Unziemlichkeit.«

»Schäme dich nicht«, sprach da der Hausherr. »Wiederhole die Verse; sie gefielen mir!« So trug denn der Lastträger jene Verse noch einmal vor; und wiederum gefielen sie dem Herrn. Dann fuhr dieser fort: »Wisse, o Lastträger, meine Geschichte ist wunderbar, und ich will dir alles berichten, was ich erlebt habe. Dieser Reichtum und dieses Haus ist mir erst nach schweren Mühsalen zuteil geworden. Ach, wieviel Qual und Kummer habe ich in der alten Zeit erdulden müssen! Sieben Reisen habe ich gemacht, und an jeder hängt eine wunderbare Geschichte, die den Verstand verwirren kann. Doch all das war durch das Geschick vorherbestimmt; und dem, was geschrieben steht, kann keiner entrinnen noch entfliehen.«

Sindbad, der Seefahrer, erzählt nun seinem Namensvetter von seinen weiten Kaufmannsreisen, die ihn bis nach China, Indonesien, Ceylon und Afrika führten, und von den unerhörten Abenteuern, die ihn oft dem Tode nahebrachten: dem Schiffbruch am Magnetberg, dem Kampf mit dem einäugigen Riesen, der Entführung durch den Vogel Greif und vielen anderen. So märchenhaft wie diese Abenteuer ist dann auch der Schluß:

Und hinfort lebten sie als treue Freunde und Gefährten in lauter Fröhlichkeit, Freude und Seligkeit, bis der zu ihnen kam, der die Freuden schweigen heißt und der die Freundesbande zerreißt, der die Schlösser vernichtet und die Gräber errichtet, der da ist der Becher des Todes – Preis sei ihm, dem Lebendigen, der nimmer stirbt!

Aufgaben

a) Der Text stammt aus einem arabischen Märchen des 8. Jahrhunderts. Überlege, inwieweit man ihn als geschichtliche Quelle verwenden kann!
b) Um welches Problem geht es im Text? Welche Lösung bietet die islamische Religion an?
c) Warum erscheint der Schluß märchenhaft?
d) Auch in der Übersetzung ist ein wenig von der sprachlichen Schönheit arabischer Dichtung erhalten geblieben. Nenne Beispiele aus dem Text!

MATERIALIEN

M 2.1 Karte: Die Ausbreitung des Islams bis 715

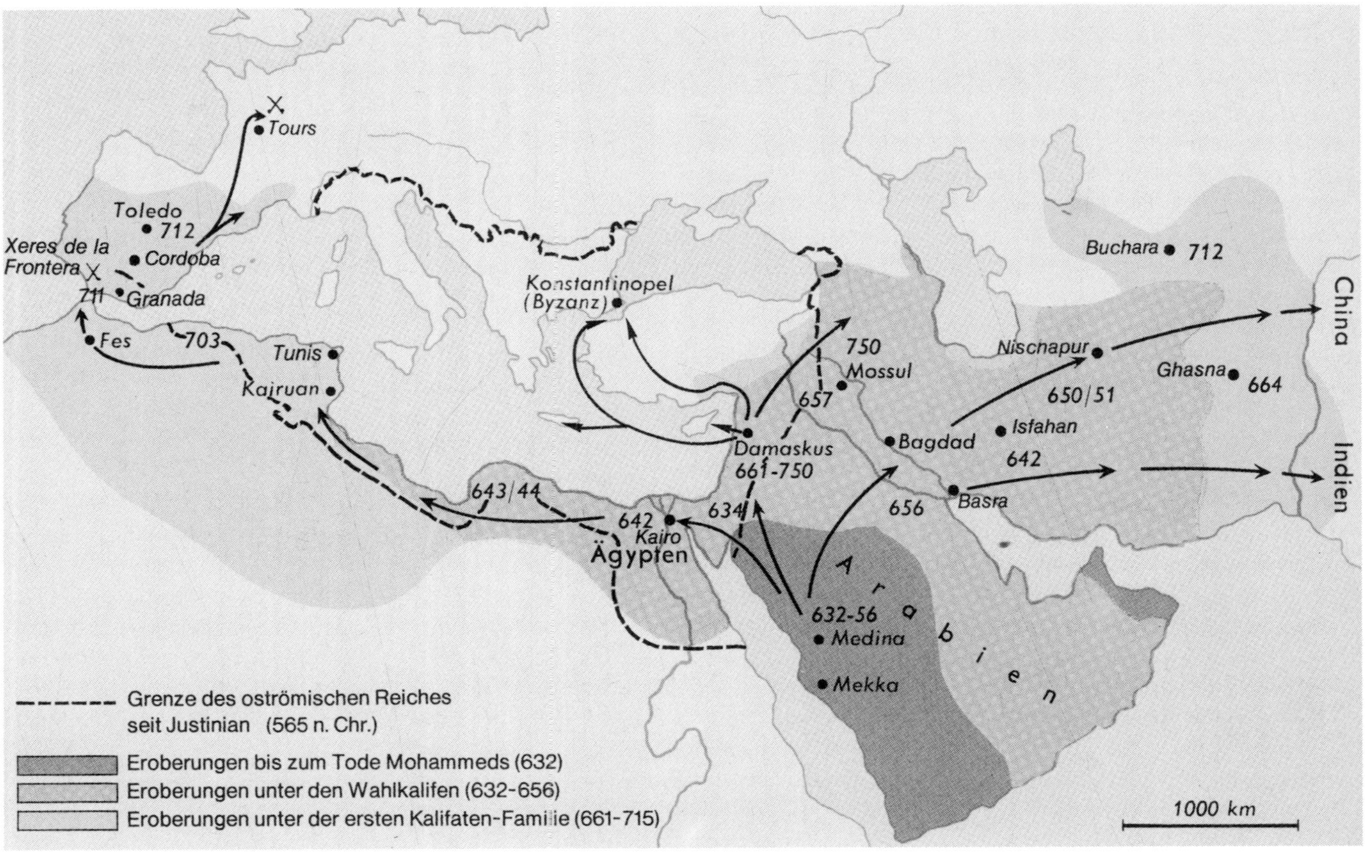

Aufgaben

a) Trage die Eroberungen in die Tabelle ein!

bis 632 (Tod Mohammeds)	
632–656 Die Zeit der ersten vier »rechtmäßigen« Kalifen; Hauptstadt: Medina	
661–751 Die Zeit der ersten muslimischen Dynastie; Hauptstadt: Damaskus	

b) Welche Probleme traten bei der Eroberung eines so großen Gebietes auf?

M 2.2 Die Einnahme Alexandriens

Im Jahre 639 hatten die arabischen Heere mit Ausnahme Alexandriens ganz Ägypten erobert. Der muslimische Feldherr Amr schrieb an den Kalifen Omar, daß der christliche Kommandant gegen Zahlung von Tribut und Freilassung der christlichen Gefangenen die Stadt den Muslimen übergeben würde. Er bat den Kalifen um eine Entscheidung. Dieser antwortete:

> Ein fester Tribut, den wir und die Muslime, welche nach uns kommen, erhalten, ist mir viel lieber als Beute, die verteilt wird und dann ist, als wäre sie nie gewesen.
>
> Schlage dem Herrn von Alexandrien vor, er solle dir Tribut zahlen unter den Bedingungen, daß die Gefangenen, die sich in deinen Händen befinden, vor die Wahl gestellt werden zwischen dem Islam und der Religion ihres Volkes. Wer von ihnen den Islam wählt, der soll zu den Muslimen gehören; er soll teilhaben an ihrem Reichtum. Wer die Religion seines Volkes erwählt, dem werde jener Tribut auferlegt, der den Anhängern ihrer Religion gebührt.

Der arabische Geschichtsschreiber Tabari, der diesen Brief überliefert hat, beruft sich auf Augenzeugen. Sein Bericht fährt fort:

> Amr sandte einen Boten zum Herrn von Alexandrien, um ihm zu melden, was der Beherrscher der Gläubigen schrieb, und jener antwortete: »Ich bin einverstanden.«
>
> Da sammelten wir alle Gefangenen, und die Christen versammelten sich auch. Wir brachten einen jeden von unseren Gefangenen nach vorn und stellten ihn vor die Wahl zwischen Islam und Christentum. Wenn er den Islam wählte, riefen wir: »Gott ist am größten!« Dann brachten wir ihn auf unsere Seite. Wenn er aber das Christentum wählte, dann grunzten alle Christen laut und holten ihn auf ihre Seiten hinüber. Wir legten ihm Tribut auf und waren betrübt.
>
> Dann wurde Alexandrien vor uns aufgetan, und wir zogen hinein.

Worterklärungen

Beherrscher der Gläubigen: der Kalif in Medina

Tribut (lat.): »Beitrag«, Zahlung, die unterworfene Völker an die Sieger zu leisten hatten.

Aufgaben

a) Warum durften Christen zwischen dem Islam und ihrer eigenen Religion wählen? Von welchen Motiven konnten sie sich dabei leiten lassen?

b) Weshalb bezeichnete der Berichterstatter den Jubel der Christen als »Grunzen«?

c) Welche Ursachen für die arabischen Erfolge lassen sich aus diesem Text erschließen?

M 2.3 Der »Staat Allahs« und die Nicht-Muslime

Der folgende Text stammt von *Franz Täschner*, einem modernen Historiker:

Mit diesen gewaltigen Eroberungen erwuchs den Arabern die Aufgabe, eine brauchbare staatliche Organisation zu schaffen. Der Grundgedanke des Reiches blieb die Theokratie: Allah war der eigentliche Herrscher des Staates, in seinem Auftrag herrschte der »Befehlshaber der Gläubigen« als Nachfolger Mohammeds.

Die Träger des Staates waren die Muslime; die Nichtmuslime standen nur unter seinem Schutz, für den sie eine Kopfsteuer zahlen mußten. Die Muslime wurden nur zur »Armensteuer« herangezogen. Man dachte nicht daran, von den Nichtmuslimen der eroberten Länder die Annahme des Islams zu verlangen. Vielmehr beließ man sie bei ihrem Glauben, mischte sich auch nicht in ihre inneren Angelegenheiten; sie unterstanden ihren religiösen Obrigkeiten, die Christen ihren Bischöfen, die Juden den Rabbinern. Diese waren der islamischen Regierung verantwortlich für das loyale Verhalten ihrer Untertanen und den pünktlichen Eingang der Steuern.

Nur den Arabern ließ man keine Wahl, und im Gebiet der arabischen Halbinsel duldete man nur die Religion Mohammeds. Christen und Juden wurden vielfach umgesiedelt. Nur dem in Mesopotamien zeltenden arabischen Stamm Taghlib gestattete man gegen Entrichtung der doppelten Armensteuer, christlich zu bleiben.

Der Islam wurde noch als national-arabische Religion empfunden. Nur die Araber waren zum Islam bestimmt, und nur sie waren die geborenen Bürger der Theokratie. Das ging so weit, daß ein Nichtaraber, der den Islam annahm, sich als Klient einem arabischen Stamm anschließen mußte. Erst eine spätere Zeit machte mit der Entwicklung des Islams zur Weltregion Ernst.

Worterklärungen

Theokratie (griech.): Gottesherrschaft; der Herrscher ist als Vertreter Gottes weltliches und religiöses Oberhaupt des Staates zugleich
Kopfsteuer: Steuer »pro Kopf«, also für jeden gleich hoch
Armensteuer: Steuer für die Armen; sie bestand aus der Abgabe des 10. Teils von Feldfrüchten, Obst, Vieh, Edelmetallen und Handelsgütern
Rabbiner (hebr.): jüdischer Gesetzes- und Religionslehrer
loyal (frz.): gesetzestreu, zuverlässig
Klient (lat.): Schützling

Aufgaben

a) Warum brauchten Christen und Juden nicht den Islam anzunehmen?
b) Weshalb mußten Muslime eine Armensteuer bezahlen?
c) Was ist mit den Bezeichnungen »national-arabische« Religion und »Weltreligion« gemeint?

M 2.4 Ein guter Rat für den Kalifen Harun al-Raschid (786-809)

Folgendes schrieb Abu Jusuf – Gott erbarme sich seiner – an Harun al-Raschid, den Herrscher der Gläubigen:

Herrscher der Gläubigen, Gott der Allmächtige hat dich mit einer großen Aufgabe betraut, welche die größte aller Belohnungen, aber auch die härteste aller Strafen zur Folge haben kann. Er hat dich mit der Herrschaft über seine Gemeinde betraut. Wenn das Gebäude auf etwas anderem als auf Gottesfurcht ruht, wird Gott bald seine Fundamente treffen und es über seinem Erbauer, der Hilfe darin suchte, zerstören.

Verschiebe keine Arbeit von heute auf morgen, denn wenn du das tust, bist du verschwenderisch, und der Tod kommt der Hoffnung zuvor. Laß Recht walten in all den Angelegenheiten, in welchen Gott dir Macht und Herrschaft gegeben hat, sei es auch nur für eine Stunde am Tag.

Weiche nicht ab, damit deine Herde nicht abweicht. Hüte dich vor willkürlichen Befehlen und vor Bestrafung im Zorn. Übe Vorsicht in der Furcht Gottes und laß alle Menschen von nah und fern in Gottes Gebot gleich vor dir sein.

Aufgaben

a) Man nennt Texte wie diese »Fürstenspiegel«. Erkläre diesen Ausdruck!
b) Inwiefern kann dieser »gute Ratschlag« auch für moderne Regierungen gelten?
c) Welche Eigenschaften muß nach den Ratschlägen ein guter Kalif haben?
d) Waren im arabische Reich wirklich alle Menschen gleich? Welche Bedeutung hat »Gleichheit« in diesem Text?

M 2.5 Zwei Königinnen in Bagdad

Der Kalif Al-Machdi, der Vater Haruns, stand sehr unter dem Einfluß seiner Frau Cheisuran, der Mutter seiner beiden Söhne Mußa und Harun.

Als ihr ältester Sohn Mußa 785 zur Macht kam, sammelten sich die Leute noch in den ersten vier Monaten seines Kalifats bei ihr. Dann aber wurde es dem jungen Kalifen zu viel. Er sagte zu ihr:

»Es ist den Frauen vom Schicksal nicht bestimmt, sich in Herrschaftsangelegenheiten einzumischen. Du hast zu beten, Allah zu preisen, dich von der Welt zurückzuziehen und dich den Diensten Allahs zu weihen. Danach hast du zu gehorchen, wie es sich für Frauen geziemt. Wehe, wenn du dich nicht an meine Worte hältst! Wenn ich höre, daß einer meiner führenden Leute oder Diener an deiner Tür steht, schlage ich ihm den Kopf ab und ziehe sein Vermögen ein! Was sind das für Prozessionen, die sich jeden Tag zu deiner Tür begeben? Hast du denn keine Spindel, die dich in Anspruch nimmt, oder ein Koranexemplar, das dich zum Gehorsam aufruft und kein Haus, das dich beschützt? Hüte dich ja, zu mir zu kommen, um mich zu langweilen oder zu tadeln!«

Danach wurde der Haß zwischen ihnen so groß, daß sie sich gegenseitig ermorden lassen wollten. Nach Mußas frühem Tod, an dem Cheisuran nicht ganz unschuldig war, sicherte sie ihrem geliebten Sohn Harun die Nachfolge auf dem Thron.

Nach ihrem Tod nahm bald eine andere Frau eine ähnlich machtvolle Position ein: Subeida, die Frau Harun al-Raschids. Subeida förderte die Kunst, ließ in einer Dürreperiode einen 12 Meilen langen Aquädukt von einer Quelle durch Senken und Berge nach der Stadt Mekka legen und außerdem Zisternen und Brunnen errichten.

Auch Subeida versuchte, Einfluß auf die Thronfolge zu nehmen. Ihr geliebter, aber nicht sehr tüchtiger Sohn Muhammed al-Amin sollte Nachfolger werden und nicht Haruns Sohn von einer persischen Konkubine, al-Mamun. Als Harun sich dann entschied, alle arabischen Gebiete seines Reiches und den Thron al-Amin zu überlassen und al-Mamun die persischen Gebiete unter der Oberhoheit seines Bruders, da warf sie ihm immer noch Ungerechtigkeit vor, weil er Amin nicht die Unterstützung der Generäle und Großen des Reiches gesichert habe. Harun aber entgegnete ihr: »Was geht dich die Beurteilung unserer Taten und die Erfahrung von Männern an?«

Als es später zu Zwistigkeiten zwischen den beiden Brüdern kam, in deren Folge al-Amin 813 hingerichtet wurde, verfiel Subeida in tiefe Trauer und trug härene Gewänder. Man forderte sie auf, sich wie seinerzeit Aischa, Mohammeds Lieblingsfrau, zu einem Rachefeldzug zu erheben, doch sie erwiderte: »Was haben Frauen mit der Forderung nach Blutrache zu tun und sich als Helden aufzuspielen?« Sie schickte al-Mamun ein Gedicht, in dem sie ihre Trauer über den Tod ihres Sohnes ebenso wie die Bewunderung für ihn, Mamun, den neuen Kalifen, zum Ausdruck brachte und ihn so rührte, daß er ihr tiefen Respekt zollte und ihr auch eine ansehnliche Apanage bewilligte. Subeida starb 831 in Bagdad.

Worterklärungen

Spindel: Werkzeug zur Herstellung von Fäden (spinnen)

Aquädukt (lat.): Wasserleitung, die teilweise über Brücken geführt wird

Zisterne: Unterirdischer Wasserbehälter zur Aufnahme von Regenwasser

Konkubine (lat.): Nebenfrau

härenes Gewand: aus Haaren gewebtes Trauergewand

Aischa: Mohammeds zweite Frau. Sie stellte ein Heer auf und war die Anführerin im Kampf um die Nachfolge Mohammeds. In der Entscheidungsschlacht bei Basra (656) kämpften ihre Truppen gegen Ali, den Schwiegersohn Mohammeds. Die Schlacht wurde »Kamelschlacht« genannt, weil Aischa auf einem Kamel sitzend die Truppen anfeuerte.

Apanage (frz.): Unterhaltszahlung

Aufgaben

a) Welche Auffassung hatten die beiden Kalifen von den Aufgaben einer Frau? Standen sie dabei im Einklang mit dem Koran?

b) Überlege, welche Bedeutung die Geschichte dieser beiden Frauen für heutige Musliminnen haben kann?

M 2.6 Berichte aus aller Welt

Arabische Kaufleute kamen weit in der Welt herum. In Reiseberichten des 10. Jahrhunderts werden Menschen in fernen Ländern beschrieben:

> Die Menschen in China sind schöner als die in Indien, und ihre Kleidung und ihre Reittiere ähneln denen der Araber. Sie tragen einteilige Gewänder und Gürtel, während die Inder mit zwei Tüchern bekleidet sind und Männer wie Frauen sich mit goldenen Armreifen und Edelsteinen schmücken. In beiden Völkern kenne ich keinen einzigen Muslim und niemanden, der Arabisch spricht.
>
> Jenseits von China, zum Meer hin, sind die Inseln der Sila. Sie sind Weiße, die dem Herrscher von China Geschenke senden in der Annahme, wenn sie das nicht täten, würde bei ihnen kein Regen mehr fallen. Doch keiner von uns ist je bis zu ihnen gelangt, um von ihnen zu berichten.
>
> Die weit nach Norden hin wohnenden Völker wie die Slawen, die Franken und die ihnen benachbarten Völker besitzen gewaltige Körper, ein rohes Wesen, rauhe Sitten, einen schwachen Verstand und schwere Zungen.
>
> Diejenigen von ihnen, die am nördlichsten wohnen, sind die dümmsten, am gröbsten und am tierischsten. Das gleiche gilt auch für die Türken, die weit im Norden wohnen. Wegen ihrer Entfernung von der Sonne gibt es bei ihnen viel Schnee, und Kälte und Feuchtigkeit herrschen in ihren Wohnungen. Ihre Rücken und Hälse sind so biegsam, daß sie, wenn sie sich zur Flucht wenden, noch Pfeile verschießen können.

Im 13. Jahrhundert beschrieb ein arabischer Schriftsteller Frankreich und Deutschland so:

> Das Frankenland ist ein gewaltiges Land und ein weites Königreich im Gebiet der Christen. Die Kälte dort ist sehr groß. Es ist voller guter Dinge, Obst und landwirtschaftlicher Produkte; es ist reich an Flüssen und gesegnet mit Früchten. Es gibt viel Jagdwild, außerdem Silberminen. Man schmiedet dort sehr scharfe Schwerter.
>
> Die dortige Bevölkerung hat einen König, der über Mut, eine große Zahl von Soldaten und die Macht zu herrschen verfügt. Seine Soldaten sind sehr mutig und ziehen beim Aufeinandertreffen Flucht nicht einmal in Betracht.
>
> Doch du wirst nichts Schmutzigeres sehen als sie. Sie säubern und waschen sich nicht öfter als ein oder zwei Mal im Jahr, und zwar mit kaltem Wasser; auch ihre Kleider waschen sie nicht vom Augenblick an, da sie sie anziehen, bis sie sich auflösen. Sie scheren ihre Bärte und lassen nach der Rasur nur noch abstoßende Stoppeln wachsen.

Worterklärungen
Sila: Japan
Franken: hier: alle germanischen Völker

Aufgaben

a) Wie tief gingen die Beobachtungen und Erkenntnisse der arabischen Reisenden?

b) Warum mußten die nördlichen Völker den Arabern als Barbaren erscheinen?

M 2.7 Hafen von Aleppo (Holzschnitt aus der Kosmographie von Thevet, Paris 1575)

M 2.8 Galeere des Glaubens

Der Rumpf der »Galeere des Glaubens« besteht aus den Buchstaben des islamischen Glaubensbekenntnisses, die Segel sind gebildet aus den Buchstaben des Satzes: »Es gibt keinen Gott außer Gott, und Mohammed ist sein Prophet.«

M 2.9 Der Löwe Allahs

Die Buchstaben des Löwen ergeben die Worte: »Im Namen des Löwen Gottes, des Antlitzes Gottes, des Siegreichen, Alis, des Sohn des Abu Talib«

M 2.10 Bilderverbot

In der Sunna des Propheten wird berichtet:

»Mohammed betrat das Haus eines Freundes. Er sah am Fenster einen Vorhang, auf dem Menschen und Tiere abgebildet waren. Mohammed zerschnitt den Vorhang in viele Teile und erlaubte die Benutzung des Stoffes erst, als man zwei Sitzkissen daraus angefertigt hatte. Er sagte: »Die Engel betreten kein Haus, in dem sich die Darstellung eines Menschen oder eines Tieres befindet.«

Worterklärungen

Kalligraphie (griech.): Kunst des Schönschreibens, Gestaltung durch Buchstaben

Galeere: Kriegsschiff der Mittelmeerländer, das von Ruderern angetrieben wird

Sunna (arab.): Von glaubwürdigen Zeitgenossen aufgezeichnete Ereignisse aus dem Leben Mohammeds und seine Aussprüche

Ali: Ali, der Schwiegersohn Mohammeds, zählt zu den ersten vier »rechtmäßigen Kalifen«. Er ist der bedeutendste Heilige des schiitischen Islams.

Aufgaben

a) Beschreibe die Abbildungen!

b) Welcher Zusammenhang besteht zwischen den beiden Bildern und der Erzählung?

M 2.11 Die Eroberung Spaniens

Aus einer ostarabischen Chronik:

Auf der spanischen Seite der Meerenge von Tanger herrschte Julian, ein Untertan Rodrigos, des spanischen Herrschers, der in Toledo residierte. Tarik, der Gouverneur von Tanger, schrieb an Julian und brachte ihn durch Schmeicheleien so weit, mit ihm Geschenke auszutauschen. Julian hatte eine seiner Töchter zu Rodrigo, dem Herrscher von Spanien gesandt, damit er sie ausbilde und unterweise, doch Rodrigo machte sie schwanger. Als Julian das erfuhr, sagte er: »Ich kann mir keine bessere Strafe und Vergeltung denken, als die Araber gegen ihn zu schicken.«

In der Meerenge zwischen Ceuta und Spanien steht ein Felsen, der heute Gabal Tarik (der Berg des Tarik) heißt. Bei Einbruch der Nacht brachte Julian Schiffe herbei und setzte ihn mit seinen Kriegern über die Meerenge.

Nachdem Tarik die Meerenge überquert hatte, trat ihm das Heer von Córdoba entgegen und sah sich durch den Angriff seiner nur wenigen Männer ermutigt. Sie griffen an, wurden aber nach heftigem Kampf in die Flucht geschlagen. Tarik verfolgte sie und tötete sie auf dem ganzen Weg bis Córdoba.

Rodrigo erfuhr von dieser Niederlage und zog ihm von Toledo aus entgegen. Es kam zu einem heftigen Gefecht, und Gott der Allmächtige ließ Rodrigo und seine Männer umkommen.

Worterklärungen
Gabal Tariq: Gibraltar

Aufgaben

a) Es ist nicht sicher, ob die Gründe, die hier für das Bündnis Julians mit Tarik angegeben werden, stimmen; denn die Chronik wurde in Ostarabien geschrieben, und vieles wußte der Verfasser nur vom Hörensagen. Welche anderen Gründe wären denkbar?
b) Welche Folgen hatte das Bündnis?
c) Wie ist Gibraltar zu seinem Namen gekommen?

M 2.13 Islamische Gartenbaukunst

Ibn Luyun, der im 14. Jahrhundert in Granada lebte, schrieb ein Gedicht, in dem er Regeln für die Anlage eines Gartens formulierte:

Häuser, die inmitten von Gärten liegen, errichtet an erhöhter Stelle, sowohl aus Gründen der Sicherheit als auch der Gestaltung.

Die Gärten legt nach Süden hin an, mit dem Eingang nur an einer Seite; für die Zisterne und den Ziehbrunnen aber wählt den höheren Boden.

Laßt in der Nähe des Wasserbeckens Sträucher pflanzen, die im Winter ihre Blätter nicht verlieren und deshalb das Auge erfreuen, und rings im Umkreis Weinranken. Darunter führen Wege entlang, die den Garten umzäunen und als Grenze dienen.

Und zu den Obstbäumen gesellt Bäume, die Holz liefern. Alle Bäume, die hoch emporwachsen sollen, pflanzt in ein abgegrenztes Bassin, damit sie sich voll entfalten und einmal als Schutz gegen den Nordwind dienen können, ohne dabei den Sonnenschein abzuhalten.

In der Mitte des Gartens laßt einen Pavillon errichten, in dem man sitzen und nach allen Seiten die Aussicht genießen kann. In seiner Nähe laßt Rosen, Myrten, und was sonst auch den Garten ziert, anpflanzen.

Der Garten sollte länger sein als breit, damit der wandernde Blick des Betrachters sich darin ergehen kann.

Worterklärungen
Zisterne: unterirdischer Behälter zum Auffangen von Regenwasser
Bassin (frz.): künstlich angelegtes Wasserbecken
Pavillon (frz.): kleines offenes Gebäude

Aufgaben

a) Warum war und ist für die Menschen des Mittelmeerraumes und des Orients ein Garten so kostbar?
b) Erinnere dich an die biblische Vorstellung vom Paradies!
c) Für wen waren solche Gärten, wie sie Ibn Luyun beschreibt, gedacht?
d) Zur gleichen Zeit gab es im christlichen Abendland nichts Vergleichbares. Was geht daraus hervor?

M 2.12 Die Alhambra. Saal der zwei Schwestern und Löwenhof

M 2.14 Garten in der Alhambra

M 2.15 Vorschriften für die Muslime von Sevilla (12. Jahrhundert)

Den Verkäufern muß man verbieten, sich im Vorhof der Freitagsmoschee oder anderswo feste Standplätze zu reservieren; denn dies käme einer unrechtmäßigen Besitzergreifung gleich und führt immer zu Streit unter ihnen. Vielmehr soll, wer zuerst kommt, seinen Platz einnehmen.

Die Enden der Stände, die über die Läden hinausragen, sind abzusägen, denn daran aufgehängtes Fleisch würde die Kleider der Passanten verschmutzen und die Straße verengen. Geschlachtet werden darf auf dem Markt nur in den abgetrennten Schlachthäusern, und Blut und Ausschuß sind vom Markt zu entfernen. Innereien sollten nicht gleichzeitig mit Fleisch und zum selben Preis verkauft werden.

Eierverkäufer müssen vor sich Töpfe mit Wasser haben, in denen man feststellen kann, ob Eier verdorben sind.

Früchte dürfen nicht in unreifem Zustand verkauft werden. Trauben dürfen an niemanden verkauft werden, von dem man weiß, daß er sie auspreßt, um Wein daraus herzustellen.

Gerbern und Seidenfärbern muß man befehlen, ihre Arbeit nur außerhalb der Stadt zu verrichten; Filzmachern, ihre Arbeit zu verbessern und nicht zu wenig Wolle zu nehmen. Kürschner dürfen abgetragene Pelze nicht mit Taubendung kaschieren, Färber zur Grünfärbung keinen Sperlingsdung oder zur Hellblaufärbung kein Rotholz verwenden, da diese Farben schnell verblassen.

Abwassermänner dürfen auf den Straßen keine Löcher ausheben, da die Straßen durch sie beschädigt werden und sie für die Leute ein Ärgernis sind, außer wenn sie die gesamte Straße reinigen.

Glasherstellern muß man verbieten, feine Kelche für das Weintrinken herzustellen, ebenso Töpfern.

Der Steuerpächter eines Bades soll nicht mit den Frauen zusammensitzen. Eine Frau darf nicht Herbergen für Kaufleute und Reisende führen. Anständige Frauen sollen sich nicht herausputzen, Tänzerinnen dürfen ihr Haupt nicht entblößen. Bei Festen sollen Männer und Frauen beim Überqueren des Flusses nicht auf demselben Weg gehen.

Ein Muslim darf keinen Christen oder Juden massieren, darf deren Abfall nicht wegräumen und deren Latrinen nicht leeren. Er darf weder das Reittier eines Juden oder Christen pflegen, noch ihm als Maultiertreiber dienen, noch ihm die Steigbügel halten. Wenn bekannt wird, daß ein Muslim das tut, sollte man ihn dafür anprangern.

Worterklärungen
Gerber: Handwerker, die Tierhäute zu Leder verarbeiten
Kürschner: Pelzwarenhersteller
kaschieren (frz.): Mängel verbergen

Aufgaben

a) Was sollte mit den Vorschriften für Händler und Handwerker erreicht werden?
b) Warum waren im südspanischen Klima Hygienevorschriften besonders wichtig?
c) Achte im Lebensmittelladen und auf dem Wochenmarkt darauf, wie bei uns heute für die Frische und Qualität gesorgt wird!
d) Begründe die Verhaltensvorschriften für Muslime gegenüber Andersgläubigen!
e) Warum galten für Frauen besondere Vorschriften?

M 2.16 Karten: Die Reconquista

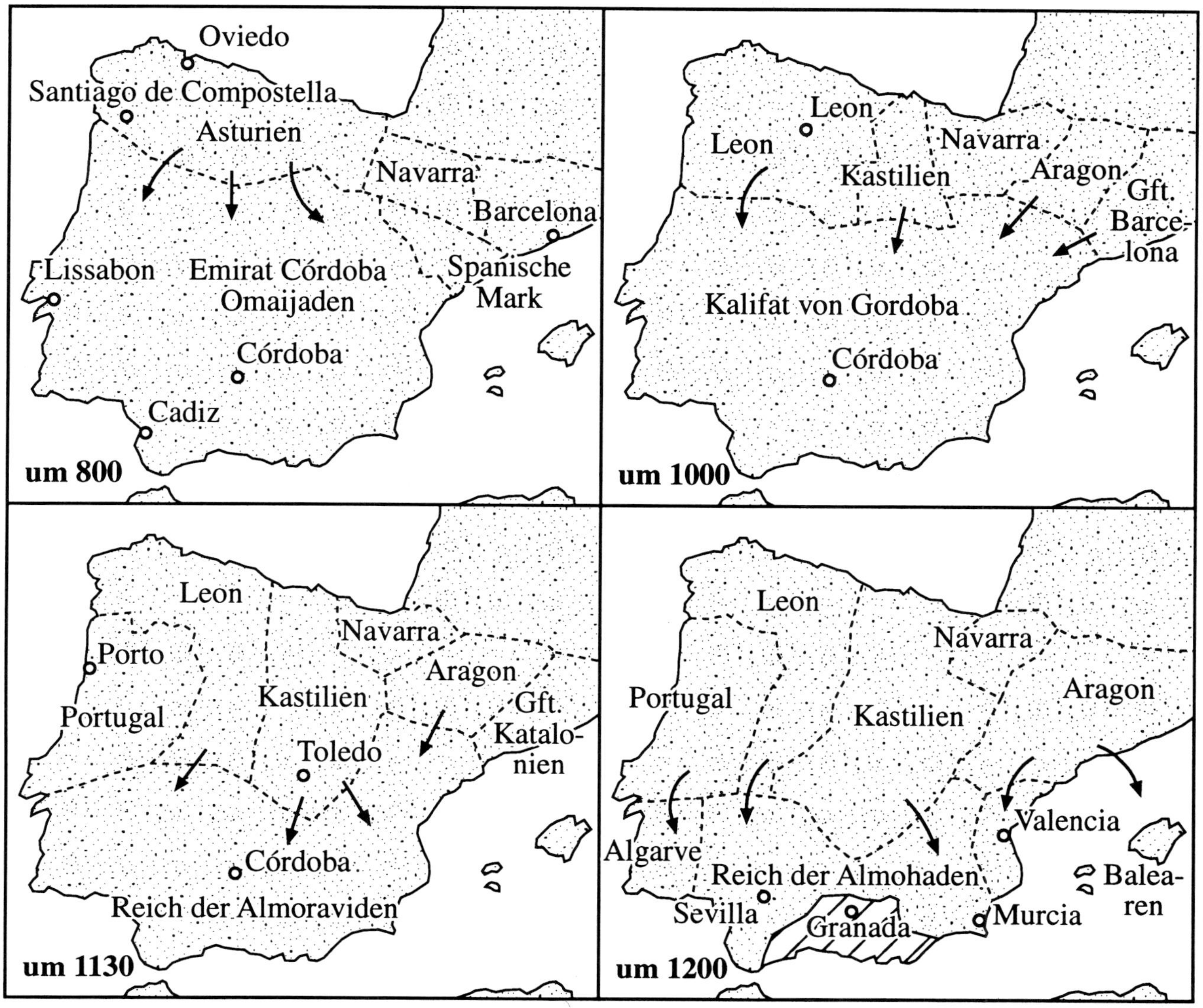

Worterklärungen

Reconquista (span., sprich: Rekonkísta): Rückeroberung der islamisch gewordenen spanischen Gebiete durch die Christen

Emirat: Herrschaftsgebiet eines Emirs als Vertreter des Kalifen von Bagdad

Kalifat: Herrschaftsgebiet des Kalifen, der als geistliches und weltliches Oberhaupt des islamischen Staates galt. Der rechtmäßige Kalif hatte seinen Sitz in Bagdad

Almoraviden: Berberstamm, der Marokko eroberte und 1107 die Herrschaft in den maurischen Gebieten Spaniens übernahm. Hier entstanden 26 islamische Kleinstaaten

Almohaden: Berberstamm aus dem Gebiet des Atlas. Unter seiner Herrschaft machten sich die einzelnen maurischen Statthalter selbständig

Aufgaben

a) Beschreibe anhand der Karte den Verlauf der Reconquista von 800 bis 1200!

b) Begründe den Erfolg der Reconquista!

M 2.17 Der Fall Granadas

Der amerikanische Schriftsteller Washington Irving wohnte im Jahre 1829 für mehrere Monate in den Ruinen des maurischen Königsschlosses, der Alhambra, oberhalb von Granada. Dort hörte er eine Geschichte vom Abzug des letzen Königs Boabdil:

Indem ich dem Weg des maurischen Königs, wie ihn die Sage beschreibt, folgte, ritt ich über den Hügel und dann eine rauhe Schlucht hinab. Der Abhang war so steil und holprig, daß ich gezwungen war, abzusteigen und mein Pferd zu führen. Es war der Weg, den Boabdil gewählt hatte, um nicht durch die Stadt ziehen zu müssen.

Ich folgte dem Lauf des Xenil und kam an eine kleine maurische Moschee, jetzt die Einsiedelei San Sebastián. Eine Tafel in der Mauer berichtet, daß Boabdil an dieser Stelle den kastilianischen Herrschern die Schlüssel von Granada übergeben habe. Von hier ritt ich langsam zu einem Dorf, wo die Familie und der Haushalt des unglücklichen Boabdil ihn erwarteten; denn er hatte sie in der Nacht vorher aus der Alhambra vorausgeschickt, damit seine Mutter und seine Gemahlin nicht an seiner Demütigung teilnehmen oder den Blicken der Sieger bloßgestellt werden möchten.

Ich spornte mein Pferd auf die Höhe eines Felsens, wo Boabdil seinen letzten schmerzvollen Ruf ausstieß, als er seine Augen vom letzten Abschiedsblick abwandte: Er heißt jetzt noch »Der letzte Seufzer des Mauren«. Wer wundert sich über seinen Schmerz, sich aus einem solchen Königreich und einer solchen Wohnung verbannt zu sehen? Mit der Alhambra schien er alle Ehre seines Stammes, allen Ruhm und alle Freuden des Lebens aufzugeben.

Hier war es auch, wo sein Schmerz durch die Vorwürfe seiner Mutter Ayxa noch bitterer wurde: »Du tust wohl«, sagte sie, »daß du wie eine Frau das beweinst, was du als Mann nicht verteidigen konntest«.

Als der Bischof Guevarea Karl dem Fünften diese Anekdote erzählte, stimmte der Kaiser dem Ausdruck der Verachtung über die Schwäche Boabdils bei. »Wäre ich er, oder er ich gewesen«, sagte der stolze Herrscher, »so hätte ich die Alhambra eher zu meinem Grabe gemacht, als daß ich ohne Königreich gelebt hätte.«

Worterklärungen
Xenil: Fluß bei Granada
Kastilianische Herrscher: Isabella von Kastilien und Ferdinand von Aragon
Karl V.: spanischer König und Kaiser des Heiligen Römischen Reiches deutscher Nation (1517-1556)
Anekdote (griech.): kurze, einprägsame Geschichte

Aufgaben

a) Wie weit diese Sage der Wirklichkeit entspricht, läßt sich nicht mehr genau feststellen. Ist sie unwahrscheinlich? Wie konnte sie sich über mehr als 300 Jahre erhalten?

b) Mit der Übergabe Granadas an Isabella von Kastilien und Ferdinand von Aragon war die Reconquista beendet. Versuche zu erklären, warum sie dafür vom Papst den Titel *Katholische Könige* verliehen bekamen!

c) Welche Bedeutung hatte Granada aufgrund seiner geographischen Lage, welche aufgrund seiner Geschichte?

d) Die muslimischen Untertanen Bobadils durften zunächst in ihrer Heimat bleiben. Hundert Jahre später wurden aber ihre Nachkommen gezwungen, entweder Christen zu werden oder auszuwandern. Läßt sich ein Vergleich mit den heutigen Ausländerproblemen in Deutschland ziehen?

e) Washington Irving kommentiert den Satz Karls V. so: »Wie leicht ist es für die, welche in Freude und Glück leben, den Besiegten Heldenmut zu predigen! Wie wenig begreifen sie, daß das Leben selbst an Wert bei dem Unglücklichen steigen kann, dem nichts als das Leben bleibt!«
Diskutiert in der Klasse dieses Thema!

M 3.1 Karte: Urheimat und Ausbreitung der Turkvölker

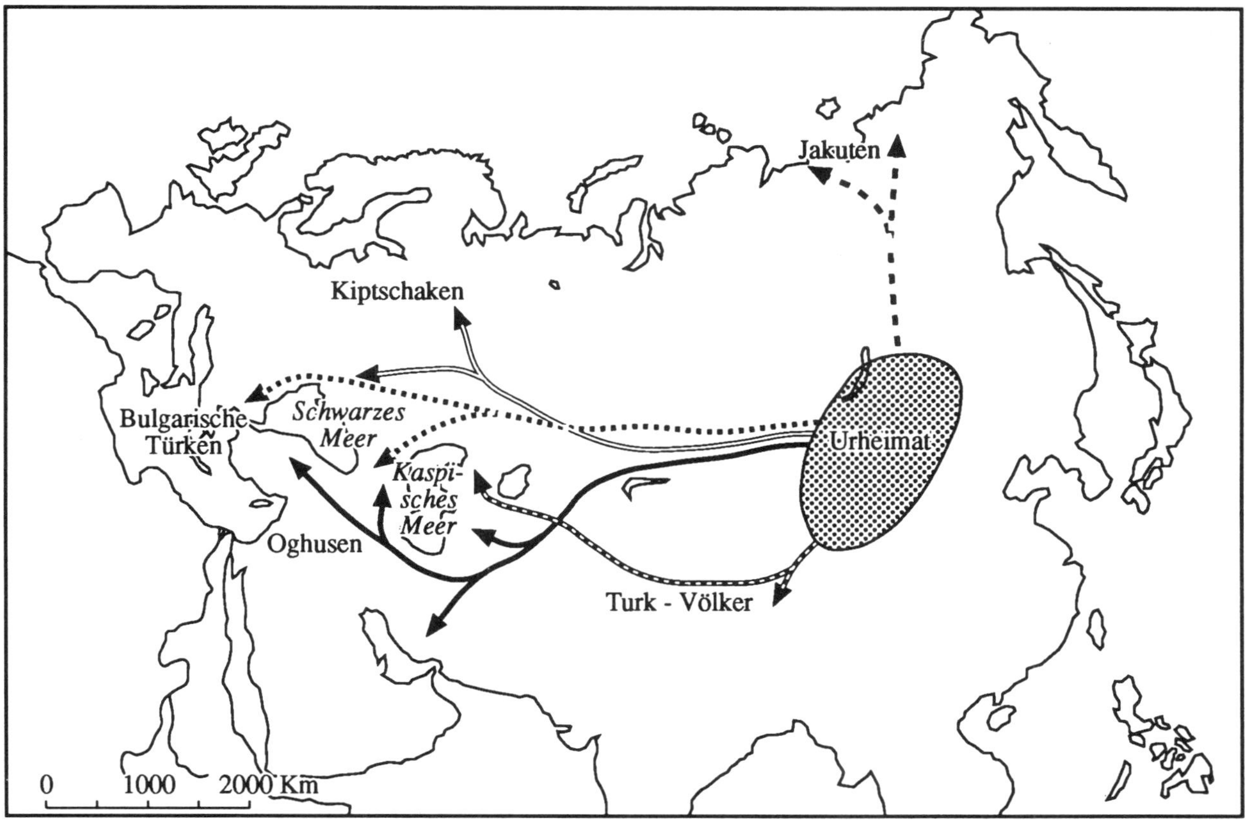

M 3.4 Benazir Bhutto als pakistanische Oppositionsführerin (1992)

M 3.2 Die Mameluken: Türkische Sklaven als Herrscher über Ägypten

Bis ins 19. Jahrhundert wurde Ägypten von Männern regiert, deren Vorfahren als türkische Sklaven ins Land gebracht worden waren. Ein arabischer Geschichtsschreiber des 14. Jahrhunderts, Ibn Haldun, schrieb dazu:

> Der Staat war verfallen, der Sitz der Kalifen vernichtet, die Gläubigen, versunken in Bequemlichkeit und Wohlleben, waren zur Verteidigung zu schwach und unwillig geworden – da war Gott so gütig, den Glauben zu retten und die Einheit der Muslime in den Ländern Ägyptens wiederherzustellen. Er erreichte das, indem er den Muslimen von dem Volk der Türken Herrscher sandte, sie zu verteidigen.
>
> Diese wurden vom Haus des Krieges in das Haus des Islams gebracht im Rahmen der Sklaverei, die in sich eine göttliche Gunst birgt: Durch die Sklaverei erfuhren sie von Ruhm und Segen und unterstellten sie sich der göttlichen Vorsehung, indem sie der islamischen Religion beitraten mit den festen Vorsätzen des wahren Gläubigen und mit einem noch nicht von der Fülle des Luxus gebrochenen Eifer.
>
> Die Sklavenhändler bringen sie in Gruppen nach Ägypten, wie Flughühner an die Wasserstellen, und Käufer der Regierung lassen sie zur Begutachtung vorführen und ersteigern sie. Dann bringen sie die Sklaven in den Kasernen des Reiches unter, behandeln sie gut und gerecht, bilden sie aus, lassen sie im Koran unterweisen und religiöse Studien treiben, bis sie darin gut Bescheid wissen.
>
> Danach bilden sie sie im Bogenschießen und Fechten, in der Reitkunst, im Pferderennen, im Speerwerfen und im Umgang mit dem Schwert aus. Wenn ihre Herren dann ihre Bereitschaft feststellen, sie zu verteidigen, ja für sie zu sterben, verdoppeln sie ihre Bezahlung.
>
> Oft verwendet man sie im Staatsdienst, beruft sie in hohe Sultansämter, und einige von ihnen werden sogar ausgewählt, den Sultansthron zu besteigen und die Herrschaft über die Muslime auszuüben.
>
> So kommt eine Ladung nach der anderen, und Generation folgt auf Generation, und der Islam erfreut sich des durch sie erreichten Wohlergehens, und die Zweige des Königreiches gedeihen mit Jugendfrische.

Worterklärungen

Mameluken: Bezeichnung der türkischen Sklaven, die im 13. und 14. Jahrhundert über Ägypten herrschten

Sitz der Kalifen: Bagdad, 1258 zerstört

Länder Ägyptens: außer Ägypten selbst noch Palästina und Syrien

Aufgaben

a) Erkläre das Begriffspaar »Haus des Krieges« und »Haus des Islams«, indem du bedenkst, das arabisch »salem« Friede bedeutet! Darin steckt auch ein Hinweis auf die Art und Weise, wie die türkischen Männer in die Sklaverei geraten waren.

b) Warum bezeichnet der Geschichtsschreiber die Sklaverei als »göttliche Gunst«?

c) Inwiefern war die Mamelukenregierung eine Fremdherrschaft, inwiefern nicht?

M 3.3 Raziya, die Sklavensultanin von Delhi

Im 13. Jahrhundert sandte der Sultan von Afghanistan ein türkisches Sklavenheer nach Indien. Diese Truppe eroberte große Gebiete. Ihre Führer gründeten das Sultanat Delhi und regierten von 1206-1290 als »Sklavensultane«.

Der folgende Text stammt von einem modernen muslimischen Geschichtsschreiber.

Auf seinem Sterbebett ernannte der Sultan Iltutmash seine tüchtige und energische Tochter zur nächsten Herrscherin. Die Wahl gefiel den meisten seiner vierzig türkischen Hauptleute durchaus nicht. Um sich nicht von einer Frau regieren zu lassen, setzten sie zunächst ihren Bruder Rukunudin auf den Thron. Rukunudin aber war ein Schwächling, und während seiner kurzen Regierungszeit fielen mehrere Provinzen vom Zentrum ab. Daher wurde Raziya auf den Thron zurückgerufen, und bald bewies sie ihre königlichen Tugenden und Fähigkeiten.

Sie verstand mit Männern umzugehen und war ihren Widersachern diplomatisch weit überlegen. Sie hatte ihre Amtsgeschäfte bald in fester Gewalt, obwohl viele der Würdenträger fortfuhren, gegen sie zu intrigieren.

Einen zuverlässigen Negersklaven machte sie seiner Treue wegen zum Stallmeister, was ein großer Gunstbeweis war und ihren mächtigen Höflingen nicht gefiel. Mit ihren Intrigen beschworen sie bald Unruhen herauf. Der Statthalter des östlichen Pandschab empörte sich als erster. Die Königin zog gegen ihn zu Felde, wurde aber besiegt, und ihr treuer Stallmeister fiel im Kampf.

Raziya selbst wurde gefangengenommen, und der Statthalter machte ihr einen Heiratsantrag. Sie nahm seine Hand an; nach dieser politischen Heirat vereinigten die beiden Herrscher ihre Streitkräfte und zogen gemeinsam gegen Delhi, das den aufsässigen Vornehmen, zu denen auch Raziyas zweiter Bruder gehörte, in die Hände gefallen war. Diese Clique war inzwischen sehr stark geworden. Raziya und der Statthalter unterlagen, und beide fielen auf dem Schlachtfeld.

Raziya hatte die Fähigkeiten einer klugen, gerechten und großmütigen Herrscherin, aber die Zeit war gegen sie. Sie war keine zaghafte, verhätschelte Dame; sie kleidete sich wie ein Mann, kämpfte an der Spitze ihrer Truppen, hielt Hof und sprach öffentlich Recht. Aber die Zeit war noch nicht reif für Herrscherinnen, und sie mußte den Umständen unterliegen.

Worterklärungen

Pandschab: Landschaft in Vorderindien. Der Osten gehört heute zu Indien, der Westen zu Pakistan

intrigieren (frz.): hinterlistig einen gegen den anderen aufhetzen

Aufgaben

a) Warum traf Raziya (1236-1240) trotz ihrer Fähigkeiten auf so große Widerstände?

b) Im muslimischen Pakistan war 1988-1990 eine Frau, Benazir Bhutto, Ministerpräsidentin. Sie wurde vom Militär gestürzt. Inwiefern sind die Vorgänge des 13. und 20. Jahrhunderts vergleichbar, inwiefern nicht?

M 3.5 Die Eroberung Jerusalems durch die Kreuzfahrer (1099)

Ibn Al Atir (1160-1233), ein mesopotamischer Geschichtsschreiber, berichtet:

Die Franken wandten sich gegen Jerusalem, nachdem sie Akkon erfolglos belagert hatten, und hielten es nach ihrer Ankunft mehr als vierzig Tage lang eingeschlossen.

Die Franken nahmen die Stadt von der Nordseite, morgens am Freitag, dem 15. Juli 1099. Die Einwohner wurden ans Schwert geliefert, und die Franken blieben eine Woche in der Stadt, während derer sie die Einwohner mordeten.
Eine Gruppe von diesen suchte Schutz in Davids Bethaus, verschanzte sich dort und leistete einige Tage Widerstand. Nachdem die Franken ihnen das Leben zugesichert hatten, ergaben sie sich; die Franken hielten den Vertrag, und sie zogen des Nachts in Richtung Askalon und setzten sich dort fest.

Aus dem Felsendom raubten die Franken mehr als 40 Silberleuchter, außerdem von den kleineren Leuchtern 150 silberne und mehr als 20 goldene, und andere unermeßliche Beute.

Die Flüchtlinge erreichten Bagdad im Ramadan. In der Kanzlei des Kalifen gaben sie einen Bericht; am Freitag kamen sie in die Hauptmoschee und flehten um Hilfe. Sie waren in Tränen und rührten zu Tränen bei der Erzählung, was die Muslime in dieser erhabenen Stadt erlitten hatten: die Männer getötet, Frauen und Kinder gefangen, alle Habe geplündert. Wegen des schweren Unglücks, das sie erduldet hatten, brachen sie sogar das Fasten.

Wilhelm von Tyrus, ein zeitgenössischer christlicher Geschichtsschreiber, gibt über die Einnahme von Jerusalem folgenden Bericht:

Die Christen zogen in geschlossenen Gliedern durch die Stadt; alle Feinde, die sie finden konnten, streckten sie nieder. Es lagen so viele Erschlagene umher, daß man nur noch über Leichen gehen konnte. Der größte Teil der Bevölkerung hatte sich in den Tempelhof geflüchtet; aber dies brachte ihr keine Rettung. Und es geschah sicherlich nach gerechtem Urteil Gottes, daß die, welche das Heiligtum des Herrn entweiht hatten, es mit ihrem eigenen Blut reinigen mußten.

Der übrige Teil des Heeres zerstreute sich in der Stadt, zog diejenigen, die sich versteckt hatten, wie das Vieh hervor und stieß sie nieder. Andere gingen in die Häuser, wo sie Familienväter mit Frauen und Kindern und dem ganzen Gesinde herausrissen und entweder mit Schwertern durchbohrten oder von den Dächern hinabstürzten, daß sie den Hals brachen.

Als endlich auf diese Weise Ordnung in der Stadt hergestellt war, legten sie die Waffen nieder, wuschen sich die Hände und zogen reine Kleider an. Dann gingen sie demütig und zerknirscht, unter Seufzen und Weinen, an den ehrwürdigen Orten umher. Bei der Auferstehungskirche kamen ihnen das gläubige Volk der Stadt und die Priester entgegen, die so viele Jahre ein unverschuldetes Joch getragen hatten. Sie waren voller Dank gegen ihren Erlöser, der ihnen wieder die Freiheit gegeben hatte.

Worterklärungen

Franken: Muslimische Bezeichnung für alle Christen, die an den Kreuzzügen teilnahmen, weil die meisten von ihnen Franzosen waren.

Akkon: Hafenstadt in Israel

Askalon: ehem. Hafenstadt auf der Sinai-Halbinsel

Ramadan: Fastenmonat der Muslime

Felsendom: Moschee auf dem Tempelplatz

Aufgaben

a) Vergleiche die beiden Berichte!

b) Warum nannten sich die »Franken« Kreuzritter?

c) Versuche das Verhalten der christlichen Eroberer zu verstehen! Heißt Verstehen auch Billigen?

M 3.6 Kreuzritter

M 3.7 Saladin

Der ägyptische Sultan Saladin (1137-1193) war der bedeutendste Gegner der christlichen Kreuzfahrer. Ein syrischer Gelehrter schrieb über ihn:

Saladin war gerecht, gütig, mitleidig und immer bereit, dem Schwachen gegen den Starken beizustehen. Jeden Montag und Donnerstag saß er einer öffentlichen Sitzung vor, um Recht zu sprechen, in Anwesenheit der Rechtsgelehrten, Kadis und Lehrer des Gesetzes; er hörte die Streitenden an, wobei jeder Zutritt zu ihm hatte, hoch und niedrig, hinfällige alte Frauen und gebrechliche Greise. Diesem Amt kam er nicht nur nach, wenn er sich in einer Stadt befand, sondern auch auf Reisen.

Er war immer bereit, die Bittgesuche entgegenzunehmen, die ihm gebracht wurden, und allen Mißbrauch, der ihm gemeldet wurde, abzustellen.

Saladins Freigebigkeit war offenkundig. Er schenkte in Zeiten des Mangels und in Zeiten der Fülle, und seine Schatzmeister hielten stets heimlich eine Rücklage, aus Angst vor plötzlich notwendigen Ausgaben. Sie wußten sehr gut: Hätte er von ihrem Vorhandensein gewußt, so hätte er sie ausgegeben.

Saladin war ein guter Gastgeber und Diskussionsteilnehmer. Er sprach auch beredt und kenntnisreich darüber, wie man Mauern errichtet und Gräben aushebt. Er beaufsichtigte die Arbeiten beim Bau der Befestigungen von Jerusalem persönlich und schleppte sogar Steine auf seinen Schultern, so daß alle Leute mitmachten, arm und reich, stark und schwach.

Als er starb, beklagte die Bevölkerung ihn, wie sie sonst nur Propheten beklagt. Ich habe außer ihm nie einen Herrscher gesehen, um den die Leute trauerten, denn ihn liebten die Guten und die Bösen, die Gläubigen und die Ungläubigen.

Worterklärungen
Kadi: islamischer Richter

Aufgabe
- Inwiefern besaß Saladin die Eigenschaften, die einen guten Herrscher auszeichnen?

M 3.8 Saladin

M 3.9 Die Übergabe Jerusalems an Saladin (1187)

Bevor die Christen die Stadt an Saladin übergaben, schlossen sie mit ihm einen Vertrag über die Bedingungen der Übergabe.

Nach vielen Erörterungen, Verhandlungen, Besprechungen, Gesandtschaften, Bittgängen und Fürsprachen kam man so schließlich überein und legte einen Betrag fest, mit dem sie ihre Leute und Habe von uns freikaufen und ihre Männer, Frauen und Kinder retten konnten. Wer binnen 40 Tagen nicht imstande wäre, seine Schuld zu begleichen oder sich weigerte und sie nicht ablieferte, sollte zum Sklaven gemacht werden und in unseren rechtmäßigen Besitz übergehen. Wer zahlte, konnte also sicher sein Haus verlassen, um nie wieder zurückzukommen und dort zu wohnen.

Nachdem Jerusalem übergeben worden war, begann der Auszug der Christen – angeblich waren es hunderttausend – aus der Stadt.

Die Franken begannen ihre Habseligkeiten zu verkaufen, ihre Wertgegenstände aus den Verstecken zu holen und sie für nichts auf dem Markt zu verkaufen. Dann kehrten sie auch ihre Kirchen aus, nahmen alle Kostbarkeiten weg und holten die Kleinodien aus den Truhen. Die meisten begaben sich nach Tyrus und vermehrten dort die Finsternis mit der Finsternis.

Etwa 15.000 Menschen blieben zurück, da sie die vorgeschriebene Zahlung nicht erbringen konnten, und wurden, wie vereinbart, zu Sklaven. Es waren ungefähr 7.000 Männer, die die ungewohnte Erniedrigung auf sich nehmen mußten und durch Knechtschaft getrennt und überall verstreut wurden. Sie verteilten sich über Täler und Höhen bei denen, die sie erworben hatten.

Frauen und Kinder zählten über 8.000, wir teilten sie unter uns, und das Antlitz des Reiches lächelte über ihr Weinen. Wie viele gut behütete Frauen wurden entehrt, Herrschende beherrscht, junge Mädchen verheiratet, Edle verschenkt, Freie in Besitz genommen! Wie viele Schöne wurden Besitz eines einzigen Eigentümers, wie viele von hohem Wert zu niedrigen Preisen verkauft, Hohe erniedrigt, Wilde eingefangen, an den Thron Gewöhnte unterworfen!

Als Jerusalem vom Dreck der schmutzigen Franken gereinigt worden war, weigerten sich viele Christen herauszukommen, nachdem sie den vereinbarten Betrag bezahlt hatten und baten demütig, unbehelligt weiter in Jerusalem wohnen zu dürfen; sie leisteten freiwillige Dienste. Pflichttreu und gern nahmen sie an, was ihnen auferlegt wurde, und zahlten »die Steuer für den ihnen eingeräumten Schutz in Demut«. Sie traten so in den Stand der Kopfsteuerpflichtigen und kamen in den Schutz der Muslime. Sie wurden zu Dienstleistungen verpflichtet und zu niedrigen Arbeiten verwendet; in dieser Prüfung nahmen sie es als Geschenk.

Worterklärungen
Tyrus: Stadt im Libanon, von 1124-1291 in den Händen der Kreuzritter
Kleinodien: Gegenstände aus Gold, Silber und Edelsteinen
Kopfsteuerpflichtige: Christen und Juden, die nicht zum Islam übertraten, mußten für den Schutz, den ihnen die Muslime gewährten, eine Steuer bezahlen

Aufgaben

a) Stelle die Bedingungen für die Übergabe der Stadt in einer Liste zusammen!
b) Wie läßt sich der Egoismus der abziehenden Christen erklären, die kein Geld für die Auslösung ihrer ärmeren Glaubensbrüder bereitstellten?
c) Was meint der Autor des Textes mit »Finsternis«?
d) Was bedeutete der Verlust bzw. Gewinn Jerusalems für die beiden Glaubensgemeinschaften?

M 3.10 Karte: Jerusalem, die Heilige Stadt dreier Religionen

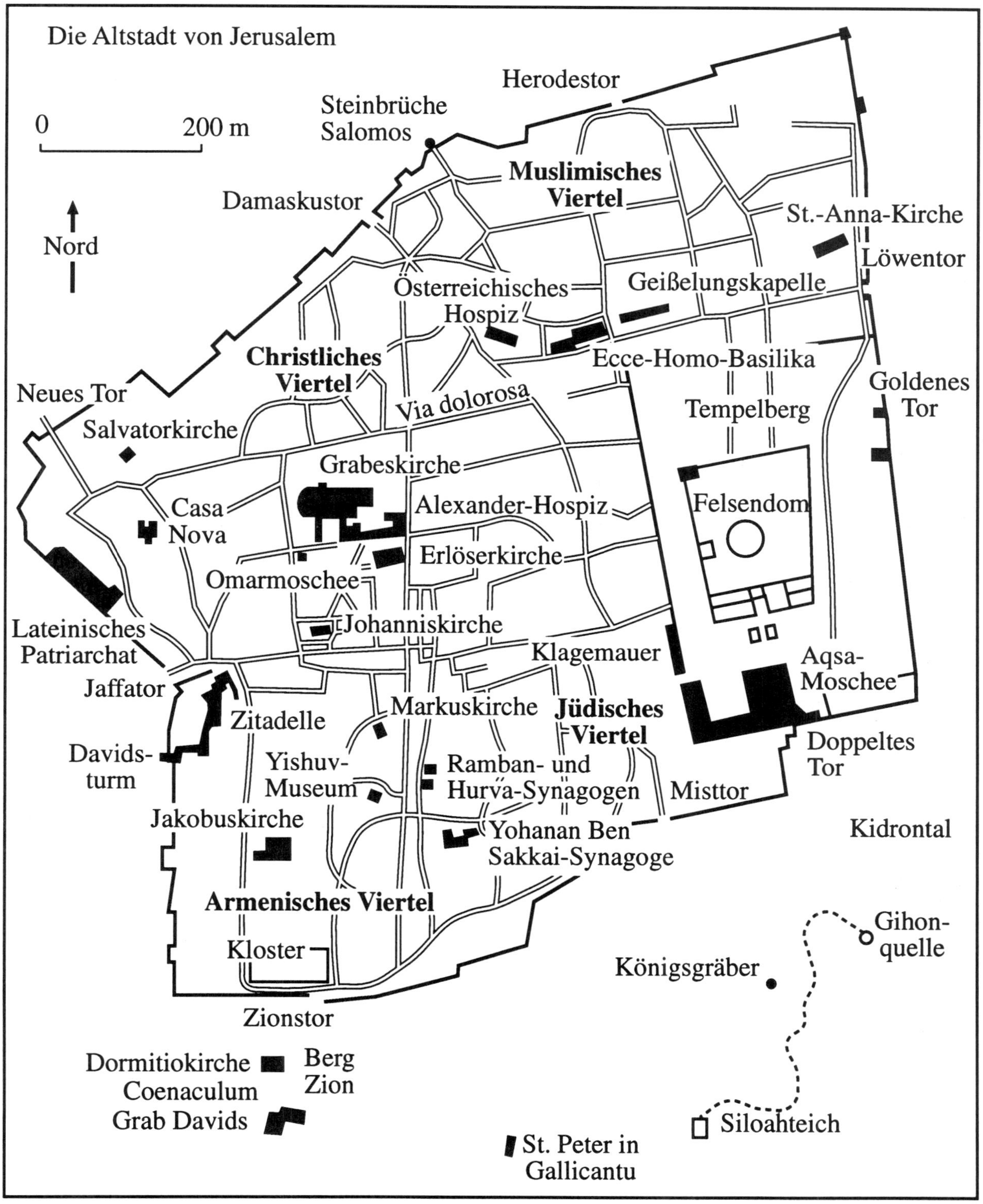

MATERIALIEN

M 3.11 Heilige Stätten der Juden, Christen und Muslime

Klagemauer (links)

Felsendom

Grabeskirche

Aufgaben

a) Ordne die Heiligtümer den drei Religionen zu!
b) Welche Probleme entstehen durch das Zusammenleben von Juden, Christen und Muslimen im heutigen Israel und insbesondere in Jerusalem?

M 3.12 Die Mongolen kommen!

Im 15. Jahrhundert drohte durch den Einfall der Mongolen unter Timur das osmanische Reich zu zerfallen. Über die Eroberung der Stadt Siwas berichtet eine altosmanische Chronik:

Timur Chan sammelte seine Truppen und marschierte gegen Rum. Als er nahe an Siwas herangekommen war, griff eine kleine Vorhut Siwas an und plünderte. Die Einwohner machten einen Ausfall, töteten einige und nahmen andere gefangen. Das meldete man dem Timur. Sofort gab er den Befehl, von seinen Leibtruppen 500 Mann auszuwählen, und sagte: »Geht, schließt das Tor dieser Festung und laßt, bis ich komme, niemanden heraus.«
Dann kamen diese 500 Mann nach Siwas. Die Einwohner sahen, daß wenige, aber sehr gut bewaffnete Leute kamen. Sie verachteten sie wegen ihrer geringen Anzahl, waren übermütig und zogen aus der Festung ihnen entgegen. Sie kämpften miteinander, und die Truppen Timurs schlugen die Einwohner und trieben sie in die Stadt zurück. Sie kamen unter großem Gedränge nur mit Mühe in die Stadt. Einige wurden getötet, andere gerieten in Gefangenschaft. Als die Einwohner das sahen, machten sie keinen Ausfall mehr.
Eines Tages sahen sie am Morgen, daß die Welt in Staub gehüllt war. Sie sahen ein endloses Heer heranrücken. Es ergoß sich bis an den Festungsgraben und lagerte sich dort. Die Belagerten sagten: »Geht, lagert euch ein wenig oberhalb der Stadt, sonst kommen wir und töten euch alle!«
Da sagten die Belagerer: »Wenn ihr wollt, tötet, wir gehen nicht von hier weg. Denn der Chan schaut auf uns.« Es war nämlich Timurs Gesetz, daß man jemanden, der ein Wild, das ihm auf der Jagd begegnet, nicht tötet, ohne Erbarmen töten solle.
Timur schickte nun einen Gesandten und verlangte die Übergabe der Festung. Die Einwohner Siwas weigerten sich jedoch. Darauf befahl Timur seinen Minenlegern, daß sie Minen an die Festung legten. Die damals in der Stadt waren, berichteten: »Sie lagerten sich und verhielten sich ruhig, ohne sich auf einen Kampf einzulassen. Seit ihrer Ankunft waren sieben Tage vergangen. Am achten Tag sahen wir, daß die Türme der Stadt einer nach dem anderen einstürzten. Sie hatten nämlich, ohne daß wir es merkten, die ganze Stadt unterminiert.
Als die Festung einfiel, schlossen wir einen Vertrag unter Eid, daß sie uns nicht töten würden. Wir übergaben die Stadt und zogen hinaus. Sofort gab Timur den Befehl, daß sie ein Loch grüben und alle Leute, die in der Stadt waren, in das Loch würfen und Erde darüber häuften. Alle kamen unter der Erde um. Danach zerstörten sie von der Stadt, was noch nicht zerstört war.«

Worterklärungen
Rum: das Osmanische Reich (von Rom=Ostrom)
Chan: Titel türkischer und mongolischer Stammesführer
unterminieren: unterirdische Gänge graben, um darin Sprengladungen anzubringen.

Aufgaben

a) Warum wurden Timurs Befehle so genau befolgt?
b) Was bedeutet der Vergleich mit dem »Wild«?

M 3.13 Mongolische Reiter

M 3.14 Der Fall Konstantinopels

Georgios Sphrantzes, ein hoher Beamter des letzten byzantinischen Kaisers Konstantin XII., schilderte in seinen Erinnerungen den Fall Konstantinopels:

Am dritten Tage waren die Feinde im Besitze der ganzen Stadt; es war 1/2 9 Uhr vormittags, am 29. Mai 1453. Die Eindringlinge plünderten und machten Gefangene; die Überrumpelten, die sich widersetzten, wurden erschlagen. An manchen Orten war die Erde nicht mehr zu sehen vor lauter Toten, die umherlagen. Es war ein schrecklicher Anblick, wie sie unzählige Gefangene aller Art wegführten, vornehme Damen, Jungfrauen und gottgeweihte Nonnen, und wie sie sie an den Haaren aus den Kirchen herauszerrten, unter fürchterlichem Jammergeschrei, dazu das Weinen und Heulen der Kinder, die entweihten heiligen Orte – wer könnte all das Grauen beschreiben?

O wie unerforschlich und unbegreiflich ist Dein weises Gericht, König Christus! Bewahre alle Städte und Dörfer, in denen Christen wohnen, vor einer Bedrängnis und Heimsuchung, wie diese war!

Als die Stadt eingenommen war, zog der Sultan in sie ein und befahl, nach dem Kaiser mit allem Eifer zu forschen. Man wusch die Köpfe vieler Toter, um etwa die Gesichtszüge des Kaisers zu erkennen. Aber man erkannte das Gesicht nicht, sondern nur den Leib, und zwar an den kaiserlichen Schuhen, die mit goldenen Adlern bestickt waren, wie es auf kaiserlichen Gewändern üblich ist. Da freute sich der Sultan sehr und befahl, die Christen, die gerade zugegen waren, sollten den Leichnam des Kaisers mit den gebührenden Ehrenzeichen begraben.

»Von dem großen Sieg gebläht und übermütig gemacht«, schreibt Georgios Sphrantzes, »war der Sultan grausam und erbarmungslos.« Dann schildert er einen besonders aufsehenerregenden Fall: Der kaiserliche Großadmiral wollte die Gunst des Sultans erkaufen und kam mit vielen Edelsteinen, Perlen und anderen Kostbarkeiten zu ihm.

Der Sultan aber sagte: »Du Hund und nicht Mensch, du Ränkeschmied und Erzschelm! Solche Schätze besaßest du und hast nicht dem Kaiser, deinem Herrn, deiner Stadt und deinem Vaterland damit ausgeholfen?« Und der Sultan befahl, daß am nächsten Morgen auf dem Kahlen Hügel zuerst vor seinen Augen seine beiden Söhne hingerichtet werden sollten, und dann solle er selbst hingerichtet werden; und so geschah es auch. Er ließ auch den Ali Pascha holen, sperrte ihn in einen Turm und ließ ihn nach einigen Tagen hinrichten, weil er ihm geraten hatte, nicht gegen die Stadt zu ziehen, damit nicht die Fürsten des Abendlandes sich zusammentäten und sie aus Europa verjagten.

Am dritten Tag nach der Einnahme der Stadt veranstaltete der Sultan ein Freuden- und Siegesfest, und er befahl, daß alle Leute, die noch in Verstecken verborgen waren, hervorkommen sollten; sie sollten frei sein. Und es sollten auch die, die aus Angst vor den Kämpfen aus der Stadt geflohen waren, wieder in ihre Häuser zurückkehren und nach ihren Sitten und in ihrer Religion weiterleben wie bisher. Er befahl auch, sie sollten einen Patriarchen wählen, nach ihrem Recht und Herkommen. So geschah es.

Der Übeltäter wollte nun auch das tun, was einst der christliche Kaiser getan hatte; er überreichte dem Patriarchen als Geschenk einen kostbaren Bischofstab. Alle Großen mußten ihn zur ehrwürdigen Apostelkirche begleiten. Denn der Sultan hatte ihm diese Kirche als Sitz angewiesen. Die heilige, allerheiligste Kirche der göttlichen Weisheit (Hagia Sophia), das hochberühmte Wunderwerk, hatte der Übeltäter zu seinem eigenen Tempel gemacht.

Worterklärungen
Großadmiral: Befehlshaber der Flotte
Ränkeschmied: hinterlistiger Mensch
Erzschelm: Betrüger
Pascha: hoher osmanischer Offizierstitel
Patriarch: Titel des Oberhaupts der griechisch-orthodoxen Kirche
Hagia Sophia: Hauptkirche Konstantinopels, im 6. Jahrhundert erbaut

Aufgaben
a) Warum war der Sultan so sehr interessiert daran, daß der Kaiser gefunden wurde?
b) Wie war Konstantin XII. gestorben?
c) Wie läßt sich das widersprüchliche Verhalten des Sultans erklären?

M 3.15 Die Eroberung Konstantinopels 1453. Gemälde von *Tintoretto* (1518-1594), Venedig, Dogenpalast

M 3.17 Sultan Mehmed II. (1451-1481)

M 3.16 Vom christlichen Abendland im Stich gelassen

Die vergeblichen Bemühungen des letzten Kaisers von Konstantinopel, Konstantin XII., im Jahre 1453 um Hilfe der Christenheit gegen die türkische Gefahr schilderte ein hoher Beamter des Kaisers, Georgios Sphrantzes, in seinen Erinnerungen:

> Wenn einer fragen sollte: Was hat denn der Kaiser in der Zeit der Belagerung gemacht, während der Sultan sich zum Feldzug rüstete, und was haben die christlichen Fürsten der auswärtigen Länder getan, um uns zu helfen, so muß ich sagen: Nichts.
>
> In Venedig saß man darüber zu Rate, ob man Hilfe leisten solle. Der Doge aber war dagegen, weil ihn Gehässigkeit blind machte, selbst für den eigenen Vorteil. Die Ursache war die, daß mein seliger Kaiser, der damals nur Despot im Peloponnes war, die Tochter des Dogen zur Frau nehmen und eine reiche Mitgift erhalten sollte. Mein kaiserlicher Herr war auf diesen Vorschlag nur eingegangen, um dadurch mit Venedig in einen engeren Bund zu treten. Aber als er Kaiser wurde und nach Konstantinopel übersiedelte, stand ihm dieser Eheplan nicht mehr an, denn wie hätten auch die Damen und Herren von Konstantinopel sich darein finden können, die Tochter eines Venezianers zur Herrin und Fürstin zu haben, der zwar ein vornehmer Mann und Doge war – aber das ist doch nur ein auf Zeit verliehenes Amt! So wurde uns der Mann zum Feinde.
>
> Auch die römische Kirche verhandelte über Hilfeleistungen an uns. Der russische Kardinal (Isidor von Kiew) wollte Patriarch von Konstantinopel werden. Wenn dies geschähe und der Name des Papstes wieder im Gottesdienst erwähnt würde, so hieß es, würden sie dieses und jenes tun, um uns Hilfe zu leisten.

Das Ansinnen des russischen Kardinals wurde vom Kaiser abgelehnt, der Name des Papstes nur in der Hagia Sophia genannt – beide Entscheidungen sollten dazu dienen, angesichts der Bedrohung von außen Streit im Innern zu vermeiden. Hilfe kam nich.

> Aus Serbien hätte man auf vielen Wegen heimlich Geld schicken können und auf andere Weise auch Kriegsleute. Aber nichts geschah. Nicht einen Heller bekam man bei uns zu sehen.
>
> Wer von den christlichen Fürsten, sei es der Kaiser von Trapezunt, sei es der Fürst der Walachei oder der König der Iberer, hat uns nur ein Stück Geld geschickt oder auch nur einen Mann zur Hilfe, offenbar oder insgeheim?
>
> Die Ungarn schickten zwar Gesandte zum Sultan, die sagen sollten: »Wir haben Frieden mit euch unter der Bedingung geschlossen, daß ihr mit dem Kaiser Frieden haltet; wenn ihr euch nicht daran haltet, dann betrachten auch wir den Friedensschluß für ungültig.« Die Gesandten kamen gerade in der Woche an, in der man zum Sturm auf die Stadt rüstete. Der Sultan und sein Rat zogen sie mit freundlichen Worten von Tag zu Tag hin.
>
> Was hat mein gottseliger Herr, der Kaiser, nicht alles getan, öffentlich und insgeheim, um seiner Stadt und seinem Reich Hilfe zu bringen und zu seiner eigenen Rettung? Freilich, wenn er gewollt hätte, so hätte er fliehen können, aber er wollte nicht und hielt im Kampf standhaft aus, wie der gute Hirte, der sein Leben für seine Schafe dahingibt, was er auch wirklich getan hat.

Worterklärungen

Despot (griech.): hier: Titel eines byzantinischen Fürsten

Doge: Gewähltes Oberhaupt der Republik Venedig

Kaiser von Trapezunt: Den Rest des byzantinischen Reiches am südöstlichen Ufer des Schwarzen Meeres regierte ein Verwandter des Kaisers von Konstantinopel.

König der Iberer: König von Spanien

Aufgaben

a) Der Textausschnitt gibt nur einen Teil der vergeblichen Bemühungen des Kaisers um Hilfe wieder. Auch viele andere christliche Herrscher wollten für ihre Hilfe Gegenleistungen, ohne jedoch wirklich etwas zu unternehmen. Wie läßt sich dies erklären?
b) Was bedeutete die Nennung des Papstes im Gottesdienst, und warum erfolgte sie nur in der Hauptkirche?
c) Welche Folgen hatte die verweigerte Hilfe?

M 4.1 Karte des Osmanischen Reiches bis 1683

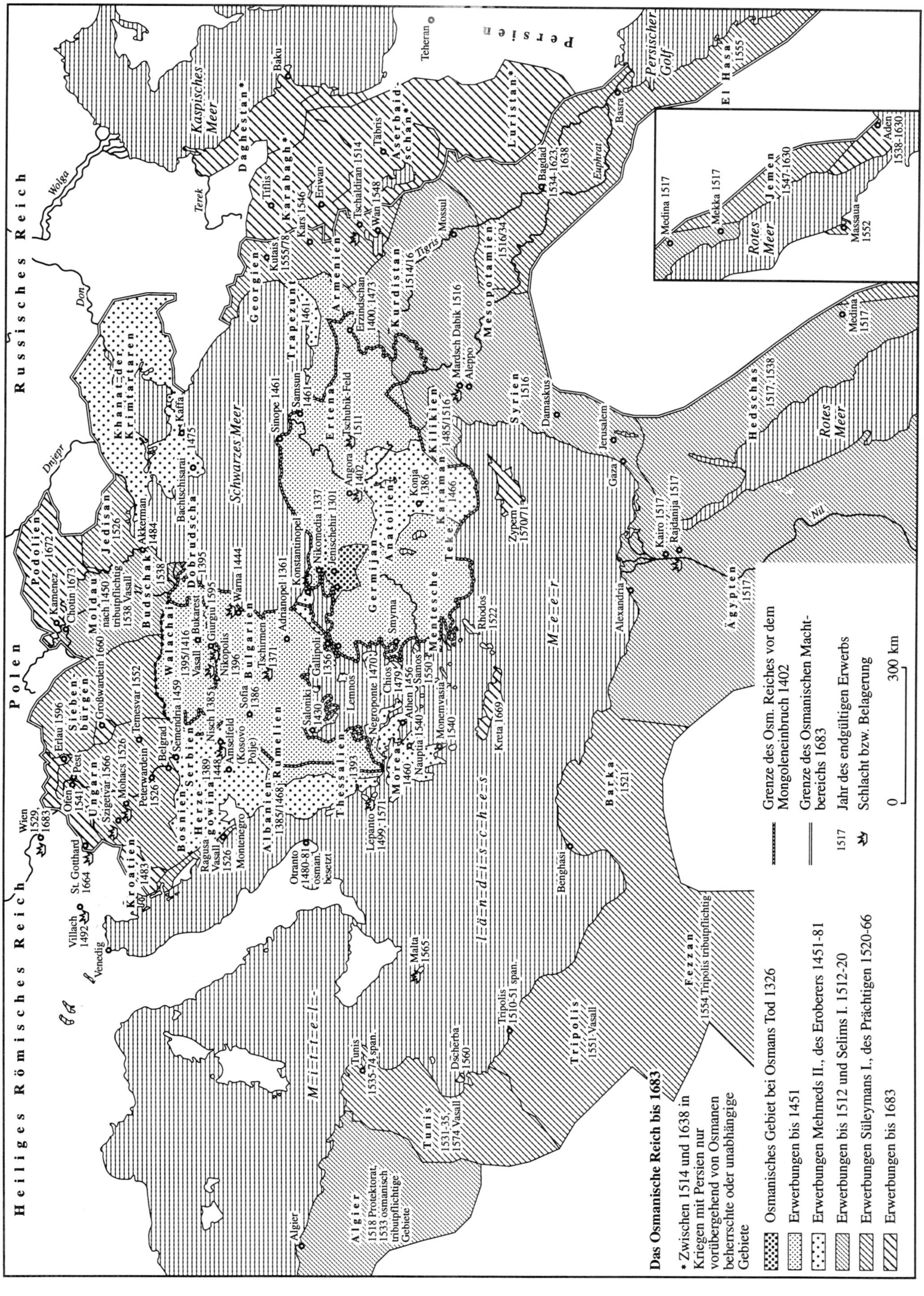

M 4.2 Die Janitscharen

Der Gesandte der Republik Venedig beim Sultan, Jacopo Sorenzo, berichtete zum Jahre 1581:

Ungefähr alle vier Jahre einmal schickt der Türke in die Provinzen seines Reiches Beauftragte, die von den dort lebenden Christen jeweils den dritten Sohn auszuwählen haben. Dabei nehmen sie die am besten Gewachsenen, geistig Beweglichen und Tapfersten. Diese werden nach Konstantinopel gebracht und vom Aga der Janitscharen und seinem Stellvertreter gemustert; dabei werden ihre Namen, Vater und Geburtsort notiert.

Danach werden sie zum Teil nach Anatolien oder in andere asiatische Provinzen geschickt, damit sie dort Sprache, Gesetze und Sitten der Türken kennenlernen. Der größte Teil wird in den Serails von Konstantinopel, Adrianopel und Pera untergebracht.

Nach einiger Zeit werden sie zurückgerufen und ausgebildet, wobei sie strengsten Gehorsam und Unterwürfigkeit lernen. Wenn sie körperlich abgehärtet, an Strapazen gewöhnt und zur Enthaltsamkeit beim Essen, Trinken und in der Kleidung erzogen sind, werden sie im Umgang mit Bogen und Armbrust ausgebildet. Denn das sind die Waffen, derer sie sich am meisten bedienen.

Sie haben einen großen Raum, der dem Schlafsaal von Mönchen ähnlich ist und wo des Abends jeder sein Bett und seine Bettdecke ausbreitet und sich hinlegt, nachdem die Wächter im ganzen Saale Lichter angezündet haben. Die ganze Nacht geht jemand, während sie schlafen, im Saale hin und her, um aufzupassen, ob sich jemand von seinem Platz wegstehlen wolle. Und wenn etwa einer durch ein körperliches Bedürfnis dazu veranlaßt wird, darf er sich nicht wegbewegen ohne die Erlaubnis des Wächters, sonst wird er streng bestraft.

Sobald ein Junge Janitschar geworden ist, begibt er sich entweder in den Krieg oder in die Garnison, oder er bleibt an der Pforte in der Nähe des Großherrn. Geht er ins Feld, so hat er Gelegenheit, sich auszuzeichnen und zu höheren Graden aufzusteigen. Bleibt er in Konstantinopel, so hat er sich der im folgenden beschriebenen Disziplin zu unterwerfen.

Sie leben in drei großen, klosterähnlichen Gebäuden mit sehr langen Sälen, und da jeder sofort dem Hauptmann einer Truppe zugeteilt wird, unter dem er zu bleiben hat, müssen die neuen Janitscharen den älteren mit Dienstleistungen zur Hand gehen. Sie sind zu größtem Gehorsam verpflichtet, und die Angehörigen einer Truppeneinheit leben zusammen am gleichen Tisch und auf gemeinsame Kosten. Sie schlafen sodann alle in diesen großen Sälen, und wenn einer des Nachts ohne die Erlaubnis des Hauptmanns ausbleibt, so erhält er am folgenden Abend Schläge, ohne es indessen dem, der ihn schlägt, oder dem Hauptmann, der ihn zu strafen befiehlt, nachtragen zu dürfen; im Gegenteil, wenn die Strafe vollzogen ist, küßt er ihm die Hand.

Ihre Zahl beträgt zwölftausend, und davon sind viertausend in Konstantinopel und die übrigen in Grenzgebieten. Sie können sich nach Belieben verheiraten, was früher nicht erlaubt war, außer wenn sie an der Grenze standen oder sich im Krieg ausgezeichnet hatten, aber immer nur mit der Erlaubnis und der Gunst des Aga. Heute wird dies, wie gesagt, ohne Unterschied allen gestattet, vielleicht in der Hoffnung, sie dadurch, daß sie Weib und Kind haben, auch zu unverbrüchlicher Treue gegenüber dem Großherrn anzuhalten.

Sie erfreuen sich höchsten Ansehens, trotz aller Frechheiten und aller Willkür, die sie sich herausnehmen, vor allem wenn sie auf dem Marsch sind, gegenüber den armen Christen, denen nichts anderes übrigbleibt, als zu dulden und zu schweigen. Will es das Unglück für ein Dorf, daß ein Janitschar dort umkommt, so wird unverzüglich ein Trupp von Janitscharen dahin entsandt, der alles mit Feuer und Schwert austilgt.

Wenn sie einkaufen, bestimmen sie den Preis, wie es ihnen beliebt. Sie können von niemandem zur Verantwortung gezogen werden als vom Aga und werden nicht zum Tode verurteilt; kommt es doch vor, so wird die Strafe in aller Heimlichkeit vollzogen, aus Angst vor Meutereien.

Und schließlich spielen sie die ausschlaggebende Rolle bei der Bestimmung darüber, wer Sultan wird; denn solange sie die Erhebung zu dieser Würde nicht durch ihren Zuruf gebilligt haben, kann sie nicht als vollzogen gelten, und jeder Sultan muß ihnen dann Geld verschaffen. Dann erhält auch jeder andere Soldat des Reiches seinen Anteil, und zwar ohne Beeinträchtigung der Kassen der Regierung, sondern durch Belastung der Christen, die bei jedem Regierungsantritt zu bezahlen haben. So tritt eigentlich das Gegenteil von dem ein, was eigentlich geschehen müßte, nämlich daß die Türken den Tod ihres Sultans herbeiwünschen, indes die Christen hoffen, daß er lange lebe.

Worterklärungen
Türke: der Sultan
Aga: Vorsteher, Chef
Serail: Palast
Anatolien: Landschaft in Kleinasien
Pera: Vorstadt von Konstantinopel
Pforte: Sitz des Sultans
Großherr: der Sultan

Aufgaben

a) Die Janitscharen waren eine Elitetruppe, die durch harte Erziehung auf ihren Dienst vorbereitet wurde. Kennst du ähnlich harte Ausbildungsmethoden in der Antike oder in modernen Armeen?
b) Im Osmanischen Reich war die Thronfolge nicht durch Gesetz geregelt; im Prinzip konnte jeder Sohn des Sultans sein Nachfolger werden. Warum war unter diesen Umständen die Zustimmung der Janitscharen ausschlaggebend?
c) Auch im Römischen Reich entschieden häufig die Soldaten, wer Kaiser wurde. Informiere dich in deinem Geschichtsbuch (oder im Lexikon unter dem Stichwort »Prätorianergarde«)!
d) Warum verstieß die »Knabenlese« nicht nur gegen die Menschenrechte, sondern auch gegen die Vorschriften des Korans?
e) Die Rücksichtslosigkeit der Janitscharen, die als Kinder doch selbst Christen gewesen waren, gegen die christlichen Untertanen des Sultans ist besonders auffällig. Welche Erklärung könnte es dafür geben?

M 4.3 Janitscharenoffiziere und –soldaten

M 4.5 Der Harem – Realität und Vorstellung

1. Sommerharem eines türkischen Sultans. Zeichnung des Architekten *Anton Ignaz Melling* aus Karlsruhe, der im 18. Jahrhundert auch Entwürfe für die Anlage von Gärten und den Palast der Walide Sultan zeichnete.In einem Harem lebten oft hundert bis tausend Personen: Frauen und Nebenfrauen des Sultans, Sklavinnen und Bedienstete, Verwandte mit ihren Kindern. Die Mutter des Sultans, die Walide Sultan, besaß im Harem die größte Autorität. Von ihr wurden auch die Prinzen erzogen. So konnte sie auf die Thronfolge und die Politik oft einen großen Einfluß ausüben.
2. Wie sich die Europäer das Leben in einem Harem vorstellten, zeigt sich in diesem Gemälde von 1850.

Wie sich die Europäer das Leben in einem Harem vorstellten: J.F. Lewis, The Hareem, 1850.

M 4.6 »Auf, auf, ihr Christen!«

Der Augustinermönch Ulrich Megerle (1644-1709), mit seinem Klosternamen Abraham a Santa Clara genannt, war Hofprediger in Wien. Angesichts der Türkengefahr verfaßte er 1683 eine Schrift unter dem Titel: »Auff, auff, ihr Christen! Das ist: Ein bewegliche Anfrischung der Christlichen Waffen wider den Türckischen Bluet-Egel.« (Rechtschreibung und Zeichensetzung des folgenden Auszuges aus dieser Schrift sind modernisiert, der Wortlaut ist jedoch beibehalten worden.)

Auf, auf, ihr Christen, der türkische Säbel ist vor der Tür! Beschuldigt niemand andern wegen des barbarischen Einfalls in euere Länder als die gar häufigen Sünden dieser Zeit! Von vielen Jahren hero ist das Römisch Reich schier Römisch Arm worden durch stätte Krieg; der Rhein-Strom ist ein Pein-Strom worden durch lauter Krieg, und andere Länder in Elender verkehrt worden durch lauter Krieg. Die Sünde ist der Magnet, welcher das scharfe Eisen und Kriegsschwert in unsere Länder ziehet.

Hinweg mit denjenigen Soldaten, die lieber mit der Decken als mit dem Degen umbgehen; aus mit solchen Soldaten, die lieber zur Freßburg als zu Preßburg in der Garnison liegen! Auf, auf, ihr christlichen Soldaten, und erwäget wohl, daß euer sträflicher Wandel eine große Hindernuß seie der Victorie und Sieg!

Es ist ein Gebot, du sollest den Namen Gottes nicht eitel nennen; wer ist, der mehr flucht und schwört als ihr? Es ist mehrmalen ein Gebot: »Du sollst nicht stehlen.« Die Soldaten haben diese Wort mit einem einigen Strichel vermehrt, indem sie anstatt des Nit das Mit gesetzt, wessentwegen es jetzt bei ihnen heißt: »Du sollst mit-stehlen.« Wie könnt ihr die Gnad eines Siegs von Gott hoffen?

Worterklärungen

vor vielen Jahren hero: seit vielen Jahren
Römisch Reich: das Heilige Römische Reich deutscher Nation
stätte Krieg: stete, ständige Kriege
Preßburg: Bratislava, Hauptstadt der Slowakei
Victorie (lat.): Sieg
eitel: vergeblich, unbedacht
mehrmalen: außerdem
einigen: einzigen

Aufgaben

a) Mit welchen sprachlichen Mitteln arbeitet der Verfasser, und was will er damit erreichen?
b) Worauf führt er die Gefährdung der Christenheit zurück?
c) Welche Chance gibt es für die Christen?

M 4.7 Geheimdiplomatie

Im Mai 1683 schrieb König Ludwig XIV. von Frankreich an seinen Botschafter in Istanbul:

Ich habe Ihre Berichte erhalten und auch die Briefe, die der Großherr und sein Erster Wesir mir geschrieben haben, um mich über den Entschluß, Ungarn anzugreifen, zu unterrichten. Ich soll aufgrund der Abmachungen, die zwischen mir und dem Osmanischen Reich bestehen, davon abgehalten werden, dem Wiener Hof irgendwelche Hilfe zu leisten. Zweifellos tun die kaiserlichen Minister zur Zeit alles, um den Großherren und den Ersten Wesir fürchten zu machen, ich könnte meine immer siegreichen Waffen auch bis nach Ungarn tragen. Wie furchtbar meine Streitkräfte sind, wissen sie ja nur zu gut.

Sollte man jedoch Ihnen gegenüber die Sorge äußern, ich könnte dem Kaiser Hilfe zukommen lassen, so dürfen Sie – wie von sich aus – zu verstehen geben, daß man angesichts der Art, wie sich der Wiener Hof im letzten Krieg gegen mich benommen hat, das nicht zu fürchten brauche. Ich hätte, wie Sie selbst wüßten, einigen Freiwilligen, die Kriegsdienste in Ungarn nehmen wollten, verboten, Frankreich zu verlassen.

Hüten Sie sich aber vor allen Dingen, diese Versicherungen in meinem Namen abzugeben oder gar etwas Schriftliches darüber aus der Hand zu geben. Begnügen Sie sich damit, das, was ich geschrieben habe, als Ihre ganz persönliche Antwort auf etwaige Fragen erscheinen zu lassen.

Worterklärungen

Großherr: Sultan
Erster Wesir: leitender Minister
Im letzten Krieg: Im zweiten der drei Eroberungskriege Ludwigs XIV., der von 1672 bis 1678 dauerte und den er wie die beiden anderen aufgrund umstrittener Erbansprüche führte, hatte sich Frankreich Teile der spanischen Niederlande (im heutigen Nordfrankreich), von Burgund, Elsaß und Lothringen angeeignet. Gegen Frankreich waren die nördlichen Niederlande, Spanien und das deutsche Reich verbündet gewesen.

Aufgaben

a) Wie sieht Ludwig XIV. sich selbst?
b) Wie begründet er seine Zusage, dem Kaiser keine Hilfe zu leisten?
c) Warum soll der Botschafter die Anweisung des Königs nur als seine eigene Meinung äußern dürfen?

M 4.8 Empfang des französischen Gesandten durch den Sultan 1724

Aufgaben

a) Beschreibe den Raum und seine Ausstattung!
b) Wie unterscheidet sich die europäische Kleidung von der türkischen?
c) Am Hof des Sultans galt eine strenge Kleiderordnung. Je nach Rang war die Tracht mehr oder weniger kostbar (und damit warm und schwer), und sie war sommers wie winters zu tragen. Welchen Grund kann das gehabt haben?
d) Unter den Anwesenden befinden sich auch französische und türkische Knaben. Wie sind sie gekleidet, und wozu mögen sie dabeisein?
e) Der Gesandte durfte nicht direkt zum Sultan sprechen, sondern mußte seine Rede an den Großwesir (im Bild mit weißem Turban) richten. Übersetzt wurde sie von einem Dolmetscher (im Bild rechts vom Großwesir, kenntlich an der rotgefütterten Pelzmütze), meist einem griechischen Christen. Der Großwesir wiederholte sie dem Sultan, und dessen Antwort gelangte auf dem gleichen Wege an den Gesandten.
Warum wurde diese umständliche Prozedur gewählt?
f) Weshalb wurde jedes Mitglied der Gesandtschaft von zwei vornehmen Türken geführt?

M 4.9 Die Belagerung von Wien

Während des Feldzugs gegen Wien führte der Zeremonienmeister der Hohen Pforte, ein hoher Beamter des Sultans, ein Tagebuch, in dem er die Ereignisse des Krieges festhielt. Aus ihm stammen die folgenden Auszüge.

14. Juli 1683

In der Wiener Vorstadt ließ der Großwesir nach den Vorschriften der erhabenen islamischen Tradition ein Schreiben an den König der Ungläubigen aufsetzen: »Entweder Islam oder Tribut – sonst wird die Entscheidung in unserem Streit dem Schwert überlassen! Nehmt es zur Kenntnis!«

Dieses Schreiben übergab er einem Unterhändler. Der ritt hart an den Graben heran, winkte den Ungläubigen, die dort zu sehen waren, und rief: »Ich habe hier einen Brief für euren König!« Daraufhin kam ein sprachkundiger Kroate heran und übernahm den Brief. Er sagte dem Unterhändler, er solle in einiger Entfernung warten, und ging hinein.

Nun war aber der König der Ungläubigen zehn Tage vor der Ankunft des islamischen Heeres nach Linz geflohen. Die Befehlshaber in der Stadt konnten daher auf den Brief keine entscheidende Antwort geben und sandten deshalb folgenden Bescheid: »Uns sind seit zwei Tagen viele Leute umgekommen, und wir sind vom Gram erfüllt. Jetzt geben wir auf dieses Schreiben keine Antwort.« Der Kroate fügte noch hinzu: »Mach dich fort, sonst schießen sie dich gleich über den Haufen!«

Darauf ritt der Unterhändler wieder zurück, und als der dem Großwesir alles berichtet hatte, rief dieser: »Wohlan denn, bringt die Geschütze in Stellung; der Kampf soll beginnen!«

Die nun folgende Belagerung Wiens dauerte zwei Monate lang. Dann nahte ein Entsatzheer.

Donnerstag, 9. September 1683

Es wurde einstimmig beschlossen, daß bei der Annäherung der Feinde des Glaubens die Leute in den Gräben unbeirrt in ihren Abschnitten bleiben, sämtliche Paschas jedoch mit ihren berittenen Truppen den Giauren entgegenrücken und den Kampf mit ihnen aufnehmen sollen. Wenn wir mit Allahs, des Allerhabenen, Gunst den Feind zurückwerfen und schlagen, so haben wir die Festung sicher in der Hand, so meinte man.

Danach bestieg der erhabene Großwesir sein Pferd, um die Anmarschwege der Giauren zu erkunden. Die zum Schutz des islamischen Heeres bestellten Anführer bezogen ihre Stellungen rings um das großherrliche Heerlager. An die 60 Geschütze wurden aus den Gräben herausgezogen und in Stellung gebracht.

Bei der heutigen Beratung äußerte der Großwesir den Wunsch, persönlich mit den Paschas nach vorne zu gehen; aber die weitblickenden Teilnehmer des Kriegsrates erachteten es für richtiger, daß er in seiner hohen Zeltburg, im Herzen des großherrlichen Heeres, fest wie eine Burg aus Stein stehenbleiben soll.

Freitag, 10. September

Nach dem Mittagsgebet traf die Meldung ein, daß sich der Feind am Ufer und oberhalb des großherrlichen Heerlagers auf zwei Wegen bis auf eine Entfernung von drei Wegstunden genähert habe. Darauf befahl der Großwesir, sein gesamtes Gefolge solle sich mit Pauke und Fahne einsatzbereit halten.

Aus den Gräben wurde dem Großwesir gemeldet, daß man nun auch im rumelischen Abschnitt bis zur Hauptmauer vorgedrungen sei und im Begriffe stehe, eine Mine anzulegen. Hocherfreut über diese gute Nachricht befahl der Großwesir ausdrücklich, die Mine bis zum Morgen fertigzustellen.

In der Nacht nahm der Tatarenkhan zwanzig deutsche Giauren gefangen; neunzehn von ihnen ließ er über die Klinge springen und einen übersandte er dem Großwesir zur Vernehmung. Dieser sagte beim Verhör folgendes aus:

»Die Giauren rücken auf zwei Wegen an. Der König von Polen befindet sich mit einem Heer von 40.000 Mann bei ihnen. Auch der deutsche Kaiser ist dabei, mit 30.000 Mann Fußvolk und 40.000 Mann Reiterei. Sie führen 200 leichte und schwere Geschütze mit. Morgen wollen sie das Heer des Islams angreifen.«

Auf diese unbezweifelbaren Angaben hin hielt es der erhabene Großwesir für angemessen, daß sich das gesamte Heer zum Einsatz bereithalte. Er ließ den entsprechenden Befehl ausgeben, und so blieben die Streiter des Islams die ganze Nacht hindurch wach und ohne Schlaf wie die Sterne am Himmel, bis das Licht des Morgens dämmerte.

In der Nacht ließen die Giauren eine Unmenge von Raketen steigen, um damit anzuzeigen, daß sie nicht mehr aus noch ein wissen und schnellste Hilfe benötigen.

M 4.9 Die Belagerung von Wien (Fortsetzung)

Samstag, 11. September

Am frühen Morgen versammelten sich sämtliche Gefolgsleute des Großwesirs in voller Bewaffnung mit Pauke und Fahne vor dem Scharfrichterzelt und hielten sich zum Einsatz bereit. Receb Bey brachte zwei gefangene Christensoldaten; sie wurden verhört und dann geköpft.

Inzwischen ließen die Glaubensfeinde ihre Vorhuten vorrücken, und nun gingen auf der islamischen Seite die kampfbegierigen Glaubensstreiter wie die ausgehungerten Wölfe zum Angriff über; sie ließen von den 200 bis 300 Giauren eine große Anzahl ins Gras beißen und brachten zwei Köpfe ein.

Als dem Großwesir die Meldung zugeleitet wurde, daß die gottlosen Giauren die Streitscharen des Islams wie die wildgewordenen Schweine angriffen, wurden sofort sämtliche Gefolgsmänner und Dienstleute des Großwesirs in voller Ordnung und Bewaffnung bereitgestellt. Der erhabene sieghafte Großwesir blieb in seiner Zeltburg.

Dann kamen aus dem Kampfgebiet ein weiterer Kopf und zwei Gefangene; es wurde beiden der Kopf abgeschlagen und ihr erbärmliches Dasein aus dem Register der Zeiten getilgt.

Es kam noch die Nachricht, daß man mit fünf Sprengbohrungen nun je vier Ellen tief in die Festungsmauer eingedrungen sei und die Stellen für die Aufnahme der Pulverladungen bald erreicht sein würden.

Worterklärungen

Gräben: Belagerungsgräben rings um Wien, in denen die Türken vor den Geschossen der Verteidiger geschützt waren
Pascha: Anführer, Befehlshaber
Giauren: Ungläubige, hier: Christen
Festung: Wien
Großwesir: Regierungschef und Oberbefehlshaber
Großherr: der Sultan
Rumelischer Abschnitt: Teil des Belagerungsringes, in dem Truppen aus Rumelien standen, einer Landschaft im heutigen Bulgarien
Mine: hier unterirdischer Gang, der von den Gräben unter die Stadtmauer getrieben wurde, um diese durch eine Sprengstoff-Explosion zu zerstören
Berg: Der Kahlenberg oberhalb von Wien
Dunkelblaues Erz: Farbe der stählernen Rüstungen
Tatarenkhan: Herrscher über die auf der Halbinsel Krim wohnenden Tataren
Über die Klinge springen lassen: mit dem Schwert töten
Raketen: Feuerwerkskörper; entgegen der Meinung des Zeremonienmeisters sollten sie dem Ersatzheer anzeigen, daß die Belagerten seine Ankunft bemerkt hatten
Köpfe: abgeschlagene Köpfe von Gefallenen
Scharfrichter: Henker
Ufer: das rechte Donauufer
Elle: altes Längenmaß (von den Fingerspitzen bis zum Ellbogen), etwa 50 cm

M 4.10 Türkisches Zeltlager bei der ersten Belagerung Wiens 1529; Holzschnitt von Barthel Beham

M 4.11 Die türkische Niederlage

Aus dem Tagebuch des Zeremonienmeisters

Sonntag, 12. September
Am frühen Morgen kam die Meldung, daß die Truppen der unseligen Giauren in Stärke von 200.000 Mann über den Berg am Donauufer anrückten und daß der Kampf bereits entbrannt sei. Darauf bestiegen der Großwesir und alle übrigen unverzüglich ihre Pferde und zogen mit der Heiligen Fahne nach der erwähnten Stelle. Für den Großwesir wurde ungefähr in Reichweite der Giaurengeschütze ein Schattendach aufgeschlagen, unter dem er sich niederließ.
Die Giauren hatten den Berg erreicht und tauchten nun auf den Hängen auf wie die Gewitterwolken, starrend vor dunkelblauem Erz. Es war, als wälze sich eine Flut von schwarzem Pech bergab, die alles, was sich ihr entgegenstellt, erdrückt und verbrennt. So griffen sie an mit der Absicht, die Streiter des Islams von beiden Seiten zu umfassen.
Auf der Seite des Islams begannen einzelne Abteilungen der Vorhut Plänkeleien auf dem Berg. Dann unternahmen die Giauren einen Sturmangriff und drängten die Unseren aus ihren Stellungen; darauf gingen die Unseren zum Gegenangriff über und trieben die Giauren wieder die Anhöhen hinauf. Schließlich stürmten die Giauren, das Fußvolk mit seinen Spanischen Reitern vorne und dahinter die Reiterei, wie wildgewordene Schweine auf die Unseren los und drängten sie bergab bis in das zerstörte Dorf hinunter. Dort ging der Kampf noch eine Zeitlang hin und her, und dann konnten die Schurken, die in dichtgedrängten Massen anstürmten, links und rechts durchbrechen und die Streiter des Islams von allen Seiten angreifen. Sie führten ihre Geschütze aufgeprotzt mit und überschütteten aus ihnen das Heer des Islams mit einem Hagel von Geschossen. Sie warfen die Truppen am Donauufer und drangen in das Tal und gegen das großherrliche Heerlager vor.
Als nun die Truppen um den Großwesir sahen, wie der Feind auf beiden Seiten stürmend vordrang und das Heer des Islams sich zur Flucht zu wenden begann, da schwand jedem von ihnen die Kraft und die Lust zum Streit.
Da der Polenkönig mit seinen Truppen geradewegs gegen die Heilige Fahne vorstieß, stieg der Großwesir zu Pferde, und zu seiner Rechten und Linken hielten sich die Leute seines Gefolges. Während die Paschas auf beiden Seiten schon zurückzuweichen begannen, stand im Herzen des Heeres der Großwesir mit seiner Umgebung fest und unerschüttert. Aber die Angriffe der Giauren wurden immer stärker, der Kampf nahm an Heftigkeit ständig zu und zog sich bereits fünf oder sechs Stunden hin; das Heer des Islams wurde von den Kugeln aus den Geschützen und Flinten der Feinde wie mit einem Regen überschüttet. Da erkannten die Muslime, daß alles verloren war. Kämpfend wandten sich die meisten der Krieger in der Umgebung des Großwesirs zur Flucht und dachten nur noch daran, ihr Leben und ihre Habe zu retten.
Der Großwesir zog sich mit seinem engsten Gefolge und mit der Heiligen Fahne kämpfend zu seiner Zeltburg zurück, während die Glaubensfeinde bereits hier und dort in die Zelte des Lagers eindrangen. Nunmehr erging auch an die Truppen in den Gräben der Befehl, diese zu räumen.
Als der Feind bereits das Scharfrichterzelt erreicht und auf dem Schatzzelt eine Fahne aufgepflanzt hatte, griff der Großwesir mit einigen Gefolgsleuten und Paschas wieder in den Kampf ein; er drang sogar persönlich mit der Lanze in der Hand auf die Giauren ein. In kühnem Eifer und sinnloser Waghalsigkeit wollte der Großwesir nicht von der Stelle weichen; er wollte lieber zugrundegehen als diesen Tag überleben und war entschlossen, den Tod in der Schlacht zu suchen.
Aber aus Mitleid für so viele Glaubensbrüder und aus Sorge um die Heilige Fahne beschwor Osman Aga den Großwesir: »Herr, sei gnädig! Es ist alles verloren. Aber Euer Leben ist die Seele des Heeres; wenn Ihr Euch hinopfert, so muß das Heer des Islams in seiner Gesamtheit zugrundegehen. Bitte, laßt uns doch aufbrechen!«
Mit diesen Worten ergriff er die Heilige Fahne, und der Großwesir verließ seine Zeltburg durch das hintere Tor und machte sich auf den Weg. Jedermann im Heere packte nur sein leichtes Gepäck zusammen und ließ seine sonstige Habe im Stich. So zogen sie ab, traurig und verstört, nur ihr nacktes Leben rettend und blutige Tränen vergießend. Die Giauren aber bemächtigten sich der Zelte, des Schatzes, der Munition und des Kriegsgerätes und sämtlicher 300 Geschütze. Auch der Privatschatz des Großwesirs und sein ganzes sonstiges Eigentum blieb in seinen Zelten zurück.
Völlig verstört über diese fürchterliche Niederlage, die hier durch den heiligen Ratschluß und den allerhöchsten Willen Allahs, des Allerhabenen, eingetreten war, verlor man den Weg; eine ganze Stunde lang ritt man in höchster Verwirrung bald vorwärts und bald zurück, bis schließlich Leute eine Fackel auftrieben; mit ihrer Hilfe konnte nun die Straße ausfindig gemacht und so der Ritt nach Raab fortgesetzt werden. Auch das übrige Volk eilte, zum Teil voraus und zum Teil hinterdrein, in überstürzter Flucht nach Raab dahin.

Worterklärungen
Spanische Reiter: fahrbare Schutzschilde
aufgeprotzt: auf fahrbare Lafetten montiert
warfen: hier: aus ihren Stellungen werfen
Schatzzelt: Zelt mit der Kriegskasse
Raab: Stadt in Ungarn

Aufgaben

a) Welche Funktion hatten die Pauken und die Heilige Fahne?
b) Stelle die Ausdrücke zusammen, mit denen der Zeremonienmeister die Gegner bezeichnet! Welche Vorstellung vom Gegner zeigt sich darin?
c) Versuche aufgrund dieses Befundes zu verstehen, warum die Türken ihre Gefangenen töteten!
d) Welche Ausdrücke verwendet der Verfasser für seine eigenen Leute?
e) Wie versucht er, die Niederlage zu erklären?

M 4.12 »Unbesiegbare Husaren«

Aus einem polnischen Schulbuch (1977):

Die Kunde vom Sieg bei Wien trug den Ruhm der polnischen Waffen durch ganz Europa. Als der Papst die eroberte Fahne Mohammeds von König Jan entgegennahm, ließ er zum Ruhm des Siegers eine goldene Medaille prägen; an den Mauern des Petersdoms ließ er das Familienwappen der Sobieskis und das polnische Staatswappen anbringen.

Das Bild der voranstürmenden geflügelten Reiter wurde auf Hunderten von Bildern verewigt. Nach ihrem Sieg bei Wien gingen die polnischen Husaren als unbesiegbar in die Geschichte ein.

M 4.13 König Jan Sobieski beim Einzug in das befreite Wien. Gemälde von *Juljusz Kossak* (1824-1899)

M 4.14 Polnische Husaren im Angriff

Aufgaben

a) Als im 19. Jahrhundert das Bild M 4.13 entstand, war Polen unter seine Nachbarn Rußland, Preußen und Österreich geteilt und existierte als selbständige Nation nicht mehr. Welche Bedeutung kam unter diesen Umständen einem solchen Gemälde zu?

b) Der Schulbuchtext von 1977 wurde geschrieben, als Polen unter kommunistischer Herrschaft stand und sowjetische Truppen hier stationiert waren. Wende die Frage von Aufgabe a) auch auf diese Situation an!

c) Welchen Eindruck sollten die Flügel der polnischen Husaren hervorrufen?

M 4.15 Der Tod des Großwesirs

Aus dem Tagebuch des Zeremonienmeisters

Belgrad, 25. Dezember 1683

(Kurz vor dem Mittagsgebet kamen zwei hohe Würdenträger aus Istanbul zu Mustafa Pascha.) »Was gibt's?« fragte der Großwesir, und der Oberstkämmerer antwortete: »Unser erlauchter Großherr fordert von Dir das Dir anvertraute Reichssiegel, die Heilige Fahne und den Schlüssel zur Kaaba.« (Der Großwesir übergibt ihnen diese Dinge.)

Dann fragte er: »Ist mir der Tod bestimmt?«

»Gewiß, es muß sein!«, antwortete der Oberstkämmerer. »Allah möge Dich im wahren Glauben sterben lassen!«

Darauf antwortete der Großwesir: »Wie es Allah gefällt! – Nun breitet den Gebetsteppich wieder aus!« Die anderen verließen den Raum.

Er verrichtete nun das Mittagsgebet, ohne daß ihm auch nur die kleinste Unaufmerksamkeit unterlief. Nachdem er noch sein persönliches Gebet dargebracht hatte, sagte er zu seinen Pagen: »Und jetzt geht auch Ihr hinaus, und vergeßt mich nicht in Eurem Gebet!«

Eigenhändig legte er seinen Pelz und seinen Turban ab und befahl dann: »Sie sollen kommen!« Als nun die Henker hereinkamen und ihre Stricke bereitmachten, hob er mit eigenen Händen seinen Vollbart hoch und fügte sich in das Verhängnis mit den Worten: »Legt mir die Schlinge auch richtig an!«

Die Henker legten ihm die Schlinge um, zogen zweimal oder dreimal zu, und dann hatte er seinen Geist aufgegeben.

Worterklärungen
Oberstkämmerer: hoher Beamter des Sultans
Pagen: jugendliche Diener

Aufgaben

a) Der Text sagt nichts über den Grund, der den Sultan bewog, den Großwesir hinrichten zu lassen. Welcher dürfte es gewesen sein?
b) Inwiefern zeigt sich die unbeschränkte (absolute) Macht des Sultans in dieser Beseitigung seines Leitenden Ministers?
c) Warum beeindruckt diese Schilderung des Todes von Mustafa Pascha?

M 5.1 Karte des Osmanischen Reiches 1683-1922

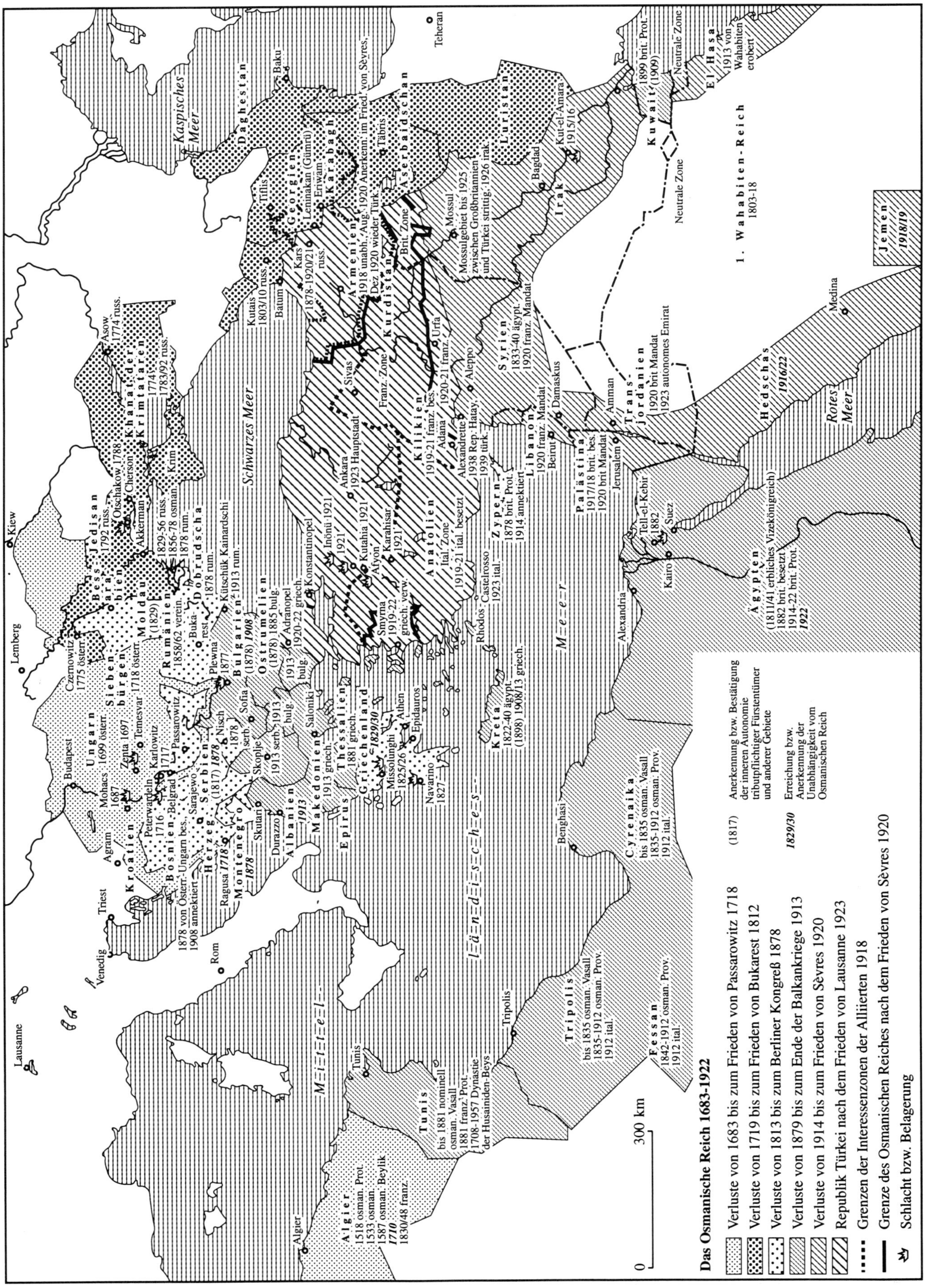

M 5.2 »Prinz Eugen, der edle Ritter«

Der legendäre kaiserliche Feldherr und leitende Politiker Prinz Eugen (Betonung auf der 2. Silbe!) von Savoyen (1663-1736) stammte aus dem französischen Hochadel. Aufgrund einer persönlichen Kränkung durch Ludwig XIV. hatte er trotz des königlichen Verbotes (vgl. M 2) 1683 Frankreich verlassen, um am Türkenkrieg teilzunehmen. Ihm vor allem verdankte Österreich-Ungarn die Großmachtstellung, die es im 18. Jahrhundert errang.

Das folgende Lied bezieht sich auf Eugens Eroberung von Belgrad 1717. Es ist zeitgenössisch; der erste bekannte Druck stammt aus dem Jahr 1719. Dichter und Komponist sind unbekannt.

Prinz Eugen*)

Volkslied 1719

2. Als der Brucken nun war geschlagen, daß man kunnt mit Stuck und Wagen frei passiern den Donaufluß, bei Semlin schlug man das Lager, alle Türken zu verjagen, ihn'n zum Spott und zum Verdruß.

3. Am einundzwanzigsten August soeben kam ein Spion bei Sturm und Regen, schwur's dem Prinzen und zeigt's ihm an, daß die Türken futragieren, so viel als man kunnt verspüren, an die dreimalhunderttausend Mann.

4. Als Prinz Eugenius dies vernommen, ließ er gleich zusammenkommen seine General und Feldmarschall. Er tät sie recht instruieren, wie man sollt die Truppen führen und den Feind recht greifen an.

5. Bei der Parole tät er befehlen, daß man sollt die Zwölfe zählen bei der Uhr um Mitternacht, da sollt all's zu Pferd aufsitzen, mit dem Feinde zu scharmützen, was zum Streit nur hätte Kraft.

6. Alles saß auch gleich zu Pferde, jeder griff nach seinem Schwerte ganz still rückt man aus der Schanz. Musketier wie auch die Reiter täten alle tapfer streiten, 's war fürwahr ein schöner Tanz!

7. Ihr Konstabler auf der Schanze, spielet auf zu diesem Tanze mit Kartaunen, groß und klein. Mit den großen, mit den kleinen auf die Türken, auf die Heiden, daß sie laufen all davon!

8. Prinz Eugenius wohl auf der Rechten tät als wie ein Löwe fechten als General und Feldmarschall. Prinz Ludewig ritt auf und nieder: „Halt' euch brav, ihr deutschen Brüder, greift den Feind nur herzhaft an!"

9. 7 Prinz Ludewig, der mußt aufgeben seinen Geist und junges Leben, ward getroffen von dem Blei. Prinz Eugen war sehr betrübet, weil er ihn so sehr geliebet; ließ ihn bringen nach Peterwardein.

Worterklärungen

Brucken: Brücken
futragieren: zusammenziehen
Parole: hier Befehlsausgabe
Schanz: Schanze, befestigtes Militärlager
Musketier: Gewehrschütze
Kartaunen: Granaten
Stuck: Stücke, hier: Geschütze
instruieren: unterweisen
scharmützen: kämpfen
Konstabler: hier Kanonenschützen
Prinz Ludewig: Ludwig von Baden

M 5.3 Porträt und Denkmal des Prinzen Eugen

M 5.4 Die »Militärgrenze«

Auch die Grenzverteidigung gegen das Osmanische Reich wurde vom Prinzen Eugen neugeordnet. Hinter der durch Wachttürme gesicherten eigentlichen Grenzlinie entstand ein merkwürdiges Gebilde, die sogenannte Militärgrenze.

Ein Drittel der männlichen Bevölkerung stand ständig unter Waffen. Das zweite Drittel versah nach einem bestimmten Ablösungsturnus Grenzbewachung und Grenzverteidigung. Der Rest leistete die Bauernarbeit. Doch auch dessen männlicher Teil mußte binnen 24 Stunden ausmarschbereit sein und blieb auch im Bauernkittel zeit seines Lebens Soldat.

Die Grenzregimenter waren weit mehr als nur eine militärische Einheit. Ein Grenzregiment besaß alle verwaltungsmäßigen und richterlichen Befugnisse innerhalb seines Bezirks. Der Regimentskommandant war auch oberster Verwaltungschef. Die Kompaniekommandanten übten zugleich das Amt von Bürgermeistern aus.

Als die Militärgrenze errichtet wurde, war ihr Gebiet ein wildes, völlig verheertes, menschenleeres und auf weite Strecken von Sümpfen bedecktes Ödland. Aus dieser Wüste schufen die Bauernsoldaten der Grenze zusammen mit der von Prinz Eugen ins Leben gerufenen Kolonisation (Einwanderung deutscher Siedler) einen Garten Gottes.

Kulturgeschichtlich interessant ist es, daß es im Soldatenland nahezu doppelt so viele Schulen gab wie im Inneren der Monarchie, so daß es in der Militärgrenze Analphabeten überhaupt nicht gab.

Es war Prinz Eugen, der auf den Gedanken kam, die Militärgrenze auch als Sanitätskordon zum Kampf gegen die Pest zu benützen. Wurden Pestfälle in der europäischen Türkei bekannt, so wurden an den Grenzübergängen Quarantäne-Stationen eingerichtet, in denen jeder von jenseits der Grenze Kommende ohne Ansehen der Person bis zu 42 Tagen festgehalten, von der Außenwelt gänzlich abgeschlossen und täglich ärztlich untersucht wurde. Wer an anderer Stelle die Grenze überschritt, wurde ohne Anruf erschossen.

Diese Maßnahme trug entscheidend dazu bei, daß im 18. Jahrhundert die Pest in Europa erlosch.

Worterklärungen
Turnus (lat.): Reihenfolge
Kordon (frz.): Gürtel
Quarantäne (frz.): Zeitraum von 40 Tagen, Isolierung

Aufgaben

a) Warum heißt es »in« und nicht »an« der Militärgrenze?
b) Die Ansiedlung vieler aus dem türkischen Herrschaftsgebiet geflüchteter Menschen in der Militärgrenze führte dazu, daß hier zahlreiche Nationalitäten eng benachbart wohnten. Dies spielte noch im jugoslawischen Bürgerkrieg von 1991-1993 eine ausschlaggebende Rolle. Informiere dich, wie die daraus entstandenen Probleme schließlich gelöst wurden!
c) Die Nachkommen der im 18. Jahrhundert auf dem Balkan angesiedelten deutschen Kolonisten (Banater »Schwaben« und andere) wurden nach dem Zweiten Weltkrieg größtenteils vertrieben. Trotzdem gibt es im heutigen Ungarn immer noch eine kleine deutsche Minderheit. Schreibt an die ungarische Botschaft in Bonn und bittet sie um Informationsmaterial!

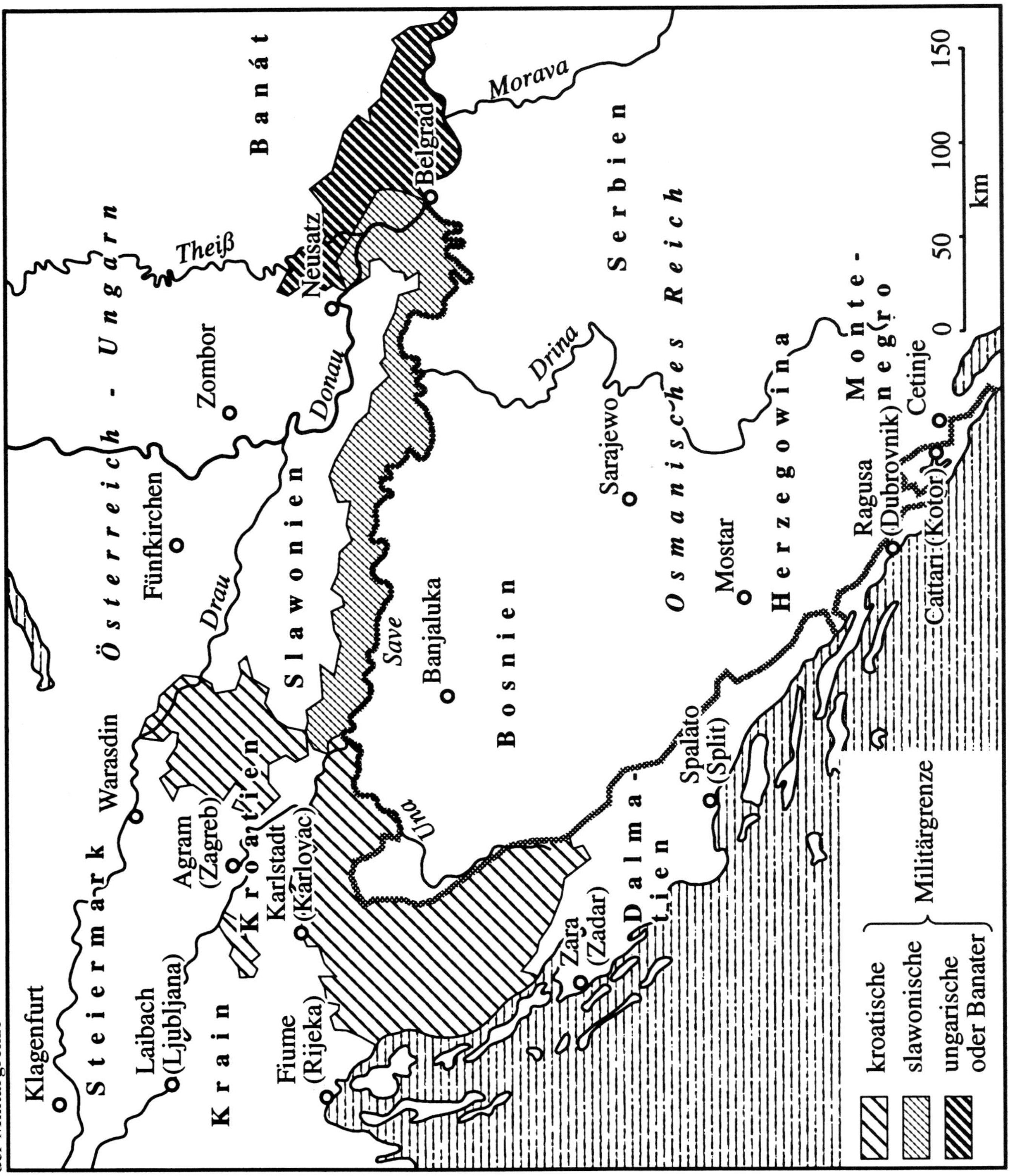

M 5.5 Karte der Militärgrenze

M 5.6 Nationalitäten im ehemaligen Jugoslawien

Nationalitäten (nach der Volkszählung 1981)

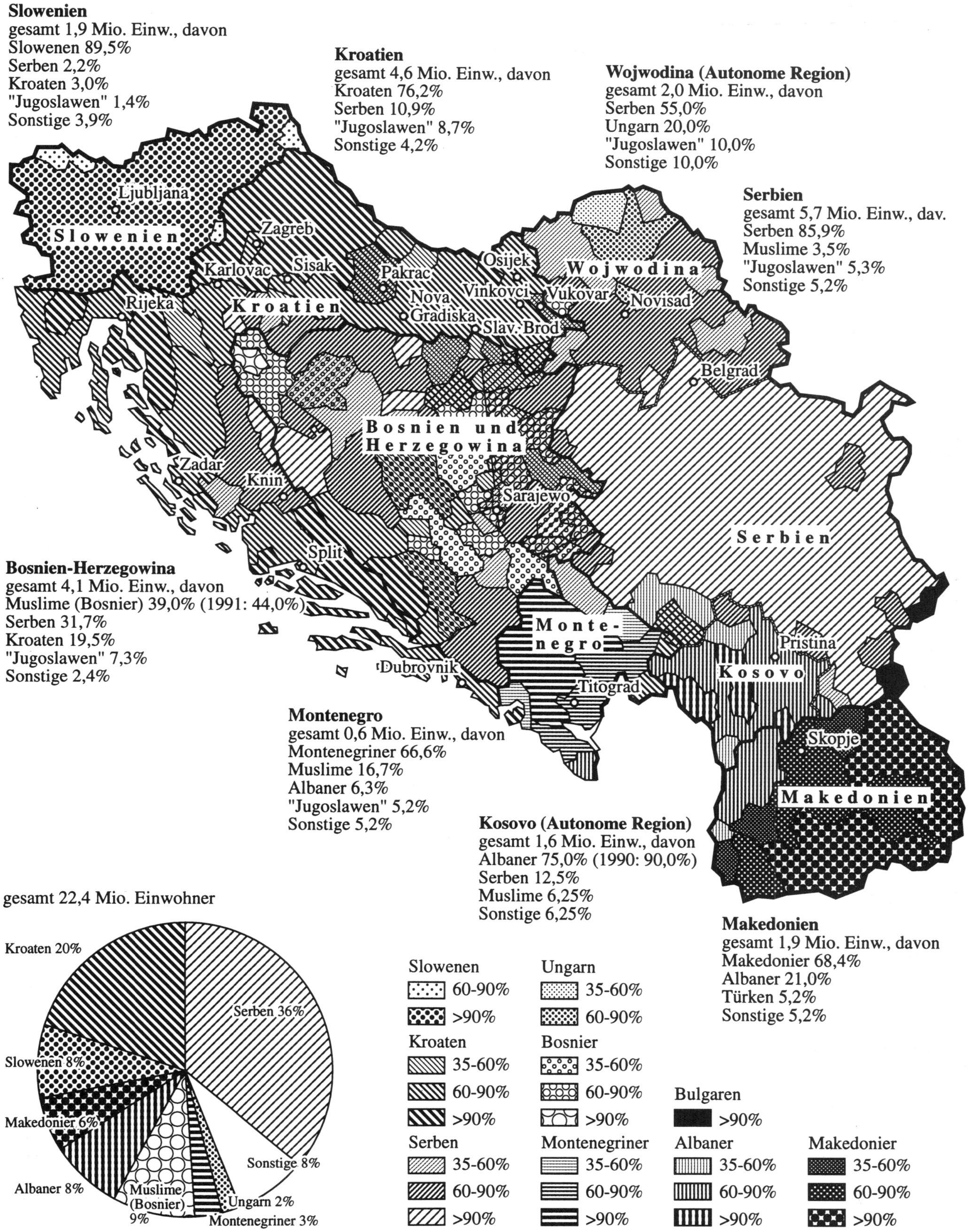

Bei der Volkszählung 1981 konnten Personen, die sich keiner Volksgruppe zugehörig fühlten, als Nationalität auch "Jugoslawe" angeben. Die muslimischen Bosnier wurden als Volk unter der Bezeichnung "Muslime" geführt; dagegen gaben die ebenfalls muslimischen Albaner als Nationalität "Albaner" an.

M 5.7 Der Bau des Suezkanals

Am 30. November 1854 erteilte der Vizekönig von Ägypten die Genehmigung zum Bau des Suezkanals:

> Unser Freund, Herr Ferdinand de Lesseps, hat Unsere Aufmerksamkeit auf die großen Vorteile gelenkt, die sich für Ägypten aus der Verbindung des Mittelmeeres mit dem Roten Meer mittels eines Kanals, der für große Schiffe befahrbar ist, ergeben würden. Er hat uns über die Möglichkeit unterrichtet, zu diesem Zweck eine Gesellschaft zu errichten, die aus Kapitalgebern aller Nationen zusammengesetzt ist. Deshalb haben wir uns seine Überlegungen zu eigen gemacht und ihm mit dieser Urkunde die ausschließliche Vollmacht erteilt, zu diesem Zweck eine Gesellschaft zu gründen und zu leiten.
>
> Die Dauer der Konzession beträgt 99 Jahre.
>
> Die Baukosten gehen ausschließlich zu Lasten der Gesellschaft, der alles Bauland, soweit es sich nicht in Privatbesitz befindet, unentgeltlich überlassen wird.
>
> Die ägyptische Regierung wird alljährlich 15 % des Reingewinns der Gesellschaft erhalten.
>
> Die Tarife der Gebühren, die für die Benutzung des Kanals zu entrichten sind, sollen für alle Nationen gleich sein.
>
> Beim Erlöschen der Konzession wird die ägyptische Regierung in die Rechte der Gesellschaft eintreten.
>
> Die Entschädigung für die Überlassung des Materials und der beweglichen Güter ist durch gütliche Übereinkunft oder schiedsgerichtliches Urteil festzustellen.
>
> Die Satzungen der Gesellschaft bedürfen Unserer Genehmigung.

An de Lesseps legte der Vizekönig einen persönlichen Begleitbrief bei:

> Die der Allgemeinen Suez-Kanal-Gesellschaft zugestandene Konzession muß noch durch Seine Kaiserliche Majestät den Sultan ratifiziert werden; deshalb übergebe ich Ihnen diese Kopie zur Aufbewahrung. Die Arbeit am Kanal darf erst nach der Genehmigung durch die Hohe Pforte aufgenommen werden.

Aufgaben

a) Zeige anhand der Karte, welche Vorteile der Kanal dem Schiffsverkehr zwischen Europa und Asien brachte!
b) Welche europäischen Länder profitierten am meisten davon?
c) Welches Interesse hatte Ägypten am Bau des Kanals?
d) Warum konnte das Land den Kanal nicht selber bauen?
e) Weshalb sollte die Kanal-Gesellschaft international zusammengesetzt sein?
f) Was bewirken Pacht- und Konzessionsverträge, die auf eine Dauer von 99 Jahren abgeschlossen werden?
g) Im Jahr 1997 läuft der ebenfalls auf 99 Jahre geschlossene Pachtvertrag zwischen Großbritannien und China über Hongkong aus. Welche Probleme können daraus entstehen?
h) Mit dem Bau des Kanals wurde bereits 1859 begonnen, obwohl der Sultan in Istanbul erst 1866 seine Genehmigung erteilte. Was kann man daraus schließen?

M 5.8 Modellzeichnung des Suezkanals

M 5.9 Warum Italien der Türkei 1911 den Krieg erklärte

Als letzte der europäischen Mächte hatte Italien mit dem Erwerb von Kolonien begonnen, indem es 1889 Eritrea und Somalia am »Horn von Afrika« besetzte. Als 1911 Unruhen in Marokko ausbrachen, errichtete Frankreich ein Protektorat über das Land. Es kam zu einer schweren europäischen Krise, da Deutschland für den französischen Gewinn einen Ausgleich durch andere Gebiete in Afrika forderte.
Aus den Erinnerungen des italienischen Ministerpräsidenten Giovanni Giolitti (1922):

> Die Gründe, die mich zur Kriegserklärung bestimmten, waren allgemein politischer Natur. Standen die afrikanische Westküste von Tunis bis Marokko ebenso wie Ägypten unter europäischer Verwaltung, so hatten sich in Libyen Verhältnisse von äußerster Rückständigkeit erhalten. Es mag genügen, darauf hinzuweisen, daß in Benghasi noch der Sklavenhandel im Schwunge war.
> Wäre Italien nicht nach Libyen gegangen, so hätte dies eines Tages eine andere Macht getan, und nach der tiefen Erregung der italienischen öffentlichen Meinung über die Besitzergreifung von Tunis durch Frankreich (1881) mußte es als ausgeschlossen gelten, daß eine Wiederholung dieses Vorgangs bei Libyen von der Nation ruhig hingenommen worden wäre. Es wäre dadurch ein Konflikt mit einer europäischen Macht, also ein solcher viel schwererer Art als der mit der Türkei, in greifbare Nähe gerückt worden.
> Es war uns natürlich bekannt, daß die libyschen Häfen keine Befestigungen besaßen, die dem Angriff einer modernen Flotte hätten Widerstand leisten können. Wir wußten aber auch, daß die jungtürkische Regierung dabei war, die gesamte militärische Verfassung der Türkei zu reformieren und große Bestellungen für den Bau von Schlachtschiffen und Torpedojägern an englische Werften zu vergeben.

Worterklärungen
Benghasi: Hafenstadt in Libyen
Jungtürkische Regierung: 1908 wurde Sultan Abdul Hamid II. durch eine Revolte von Offizieren, die eine »Junge Türkei« forderten, gestürzt; eine neue Regierung leitete Reformen ein.
Torpedojäger: mit Torpedos ausgerüstete schnelle Kriegsschiffe

Aufgaben
a) Giolitti (sprich: Dscholítti) führte drei Gründe für die Besetzung Libyens an. Welche sind es?
b) Wie stellt sich in seinen Erinnerungen das Verhältnis von Politik und Moral dar?

M 5.10 Flucht und Vertreibung

Im Jahre 1912 begannen die Balkanstaaten Serbien, Montenegro, Bulgarien und Griechenland einen Krieg gegen das Osmanische Reich, in dem sie die türkischen Gebiete in Europa mit Ausnahme von Istanbul und seinem Umland eroberten. Bei der Verteilung der Landbeute gerieten die Sieger jedoch in Streit, und in einem erneuten Krieg 1913 verlor Bulgarien den größten Teil der Eroberungen an seine Nachbarn.

Ein folgenschweres Ergebnis dieser beiden Balkankriege bestand in einer Bevölkerungsverschiebung, d.h. in Flucht und Vertreibung von mehr als einer halben Million Menschen:

Vertriebene und Flüchtlinge auf dem Balkan 1912/13

Zahl	Nationalität	aus	nach
234.000	Türken	Bulgarien und Serbien	Türkei
100.000	Türken	Griechenland	Türkei
15.000	Bulgaren	Griechenland	Bulgarien
70.000	Griechen	Bulgarien	Griechenland
265.000	Griechen	Türkei	Griechenland
70.000	Albaner	Griechenland	Albanien

Aufgaben
a) Was trat auf dem Balkan an die Stelle der vornationalen osmanischen Reichsidee?
b) Überlege, welche Probleme für die Vertriebenen und Flüchtlinge in den armen und vorwiegend agrarisch strukturierten Aufnahmeländern entstanden!
c) Kennst du ähnliche Vorgänge aus der Zeit nach dem Zweiten Weltkrieg?
d) Auch heute gibt es in Staaten mit nationalen Minderheiten häufig schwere Konflikte. Achte bei deiner Zeitungslektüre darauf!

M 5.11 Türkische Tapferkeit

Aus einem Brief des deutschen Botschafters in Konstantinopel, 1912:

Die zu vier Fünfteln ungeschulten türkischen Soldaten haben Erstaunliches geleistet. Wo sie in frischer Verfassung auf den Feind gestoßen sind, haben sie sich wie in früheren Zeiten todesmutig geschlagen. Unter ihnen befanden sich viele, die noch nie ein Gewehr in der Hand gehabt hatten. Man sieht hier zahlreiche Verwundete mit eingeschlagenen Nasen. Sie hatten bei Schießen ihre Gewehre gegen die Nasen gelegt.
Im Feuer haben all diese Leute wie die Mauern gestanden und überall erfolgreich gekämpft – solange sie etwas zu essen bekamen und über genügend Munition verfügten.
Sowohl die Schlacht von Kirk-Kilisse wie die von Lüle-Burgas wären von den Türken gewonnen worden, wenn die Heeresverwaltung auch nur die geringste Fürsorge für die Verpflegung und den Munitionsersatz getroffen gehabt hätte. Verloren wurden die Schlachten erst in dem Moment, wo die Leute nach vier- bis fünftägigem Hungern ohne Patronen stundenlang im Feuer gestanden hatten und ihren Führern erklärten, sich dahin begeben zu müssen, wo sie das Brot fänden, um weiterkämpfen zu können.
Die Niederlage der Türkei ist also nicht auf die mangelhaften militärischen Eigenschaften des türkischen Volkes, sondern nur auf den verbrecherischen Leichtsinn und die moralische Verkommenheit derjenigen zurückzuführen, welchen die Leitung dieses unglücklichen Volkes anvertraut ist.

Worterklärungen
Kirk-Kilisse: Stadt nördlich von Istanbul
Lüle-Burgas: Stadt im heutigen Bulgarien

Aufgabe
- Woran litt der »Kranke Mann am Bosporus«?

M 5.12 Alt- und Neustadt von Tunis

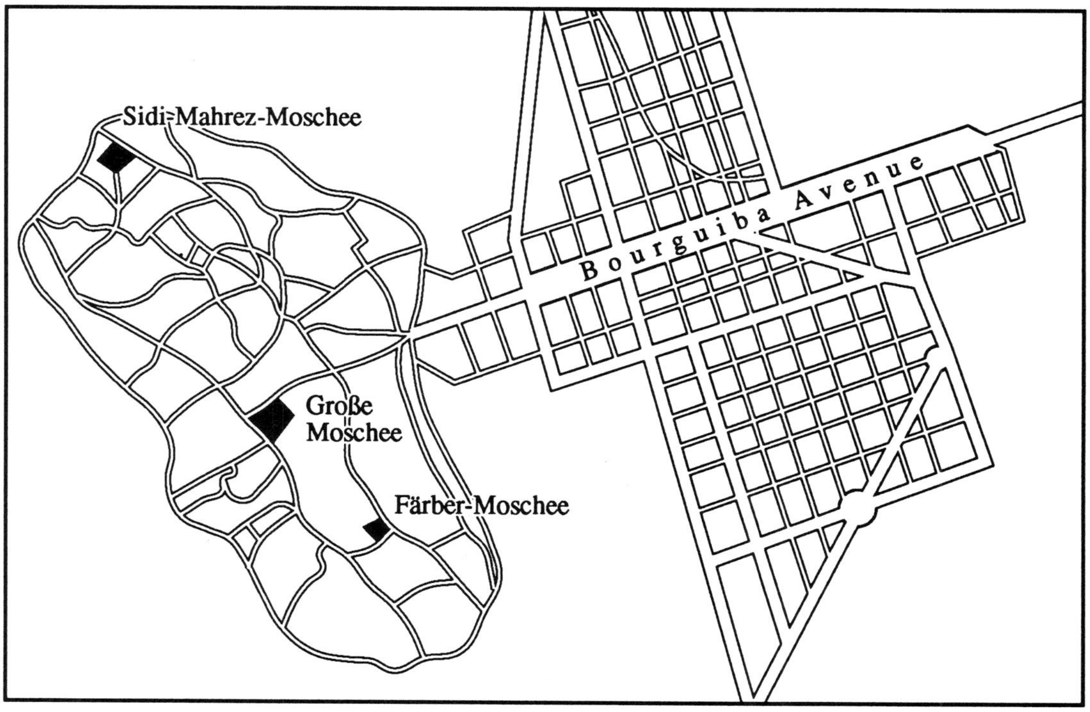

Aufgaben
a) Vergleiche die Anlage der aus dem Mittelalter stammenden Altstadt mit der von den französischen Kolonialherren nach 1881 errichteten Neustadt!
b) Warum können Tunesier sagen, die Neustadt habe die Form eines Kreuzes, das in das Herz der Altstadt ziele, und was wollen sie damit ausdrücken?
c) Viele im Mittelalter gegründete europäische Städte haben ganz ähnliche Grundrisse wie die Altstadt von Tunis. Was läßt sich daran erkennen?

M 5.13 Schiitische Geistliche (Ulema) bei einer Konferenz (aus der Zeitschrift Mulla Nasreddin, Tiflis 1906)

Aufgaben

a) Die Zeitschrift Mulla Nasreddin erschien in Tiflis, der Hauptstadt Georgiens, das unter russischer Herrschaft stand. Welche Gefahr sah der Zeichner der Karikatur, und wie beurteilte er das Verhalten der Geistlichen?

b) Heute sind die Mullas (Ulema) »aufgewacht«. In allen islamischen Ländern führen sie die *islamische Renaissance* an. Achte bei deiner Zeitungslektüre auf entsprechende Nachrichten!

M 5.14 Großbritannien verhandelt mit Ägypten über die Gewährung einer eingeschränkten Souveränität (Aus der Zeitschrift Awadh Punch im nordindischen Lacknan, 1922)

Aufgaben

a) Mit welchen Mitteln hat der Karikaturist die unterschiedlichen Positionen der beiden Verhandlungspartner gekennzeichnet?

b) Welches Ergebnis wird herauskommen?

c) War der Zeichner fair?

M 5.15 Medizin für die Krankheit: Verwestlichung der Türkei

Im Ersten Weltkrieg zählte das Osmanische Reich zu den Verlierern; es wurde auf sein türkisches Kernland beschränkt. Eine weitere Folge der Niederlage war die Revolution Kemal Paschas, die 1922 zur Absetzung des letzten Sultans und zur Ausrufung einer Türkischen Republik führte.

Ihr Präsident Kemal Pascha, der 1935 den Ehrennamen Atatürk (Vater der Türken) erhielt, wollte die Türkei binnen kürzester Zeit zu einem Staat westlicher Prägung werden lassen. Den radikalen Bruch mit der Vergangenheit machten einschneidende Maßnahmen deutlich: die Erhebung Ankaras zur neuen Hauptstadt, die Ersetzung der arabischen Schrift durch die lateinische, die strikte Trennung von Staat und Religion, die Einführung europäischen Rechts und westlicher politischer Einrichtungen einschließlich des Bildungssystems.

M 5.16 Kemal Atatürk bei der Hochzeit seiner Adoptivtochter

Aufgaben

a) Das Modernisierungsprogramm Atatürks für die Türkei erstreckte sich auch auf die Kleidung. Inwiefern ist dieses Foto ein Beweis dafür?

b) Der Paartanz war der islamischen Tradition fremd. Wie mußte das Beispiel Atatürks auf die türkischen Erneuerer, wie auf die konservativen Kräfte wirken?

c) Atatürk sagte 1925 in einer Rede:
»An einigen Orten habe ich Frauen gesehen, die ein Stück Stoff, ein Handtuch oder sonst etwas über ihren Kopf legen, um ihr Gesicht zu verbergen, die sich umdrehen und auf den Boden kauern – wenn ein Mann vorbeigeht. Was ist der Sinn dieses Verhaltens? Es ist ein Schauspiel, das die Nation zum Gespött macht.«
Gib eine Antwort auf Atatürks Frage!
Für wen konnte das geschilderte Verhalten der Frauen zum Gespött werden?

M 5.17 Türkisches Plakat aus den Zwanziger Jahren (Farbbild in der Medientasche)

Aufgaben

a) Versuche das Bild zu »lesen« (bedenke dabei, daß seinerzeit die meisten Türken noch Analphabeten waren)!
b) Woran konnten die Betrachter des Bildes erkennen, daß die Frauengestalt die Türkei symbolisieren sollte? Warum ist sie unverschleiert und trägt sie Blumen in der Hand? Wohin zeigt die rechte Hand?

M 5.18 Ägyptische Frauen (Zeichnung aus der Illustrierten Frauen-Zeitung 1875)

Egyptische Frauen. Von A. Böhm. — Siehe Seite 219.

Wasserträgerin von der Nilbrücke. Vornehme Haremsdame. Gattin eines Beduinenscheichs. Araberin aus dem Volke mit ihrem Kinde

Nubierin. Eine arabische Braut im Hochzeitszuge. Levantinerin.

Orangenhändlerin. Wäscherin. Dattelverkäuferin. Tänzerin.

Aufgabe

- Vergleiche die Kleidung dieser Frauen mit der auf den Bildern aus der Türkei!

G Quellennachweis

M 1.1 Kölner Dom und Blaue Moschee in Istanbul (Quelle: 1. Dom: Verkehrsamt der Stadt Köln, Foto: *Rudolf Barten; 2. Moschee:* „Richtig reisen" Türkei, DuMont Buchverlag, Köln 1897, S. 98)

M 1.2 Karte: Arabien, Vegetationszonen (Quelle: Geschichte und Gegenwart, Bd. 1, hrsg. v. *Hans Georg Kirchhoff* und *Klaus Lampe*. Verlag Ferdinand Schöningh, Paderborn 1990, S. 105)

M 1.3 Mohammeds Berufung zum Propheten Allahs (Quelle: *Ibn Ishâk*: Das Leben des Propheten. Aus dem Arabischen übertragen und bearbeitet von *Gernot Rotter*. Tübingen und Basel 1976, S. 43-45, gekürzt)

M 1.4 Die Hedschra des Propheten (Quelle: *Ibn Ishâk:* Das Leben des Propheten. Aus dem Arabischen übersetzt und bearbeitet von *Gernot Rotter*. Tübingen und Basel 1976, S. 109-111, gekürzt)

M 1.5 Die Verfassungsurkunde des Staates von Medina (Quelle: *Ibn Ishâk*: Das Leben des Propheten. Aus dem Arabischen übersetzt und bearbeitet von *Gernot Rotter*. Tübingen und Basel 1976, S. 109-111, gekürzt)

M 1.6 Die erste Seite eines Korans mit türkischer Übersetzung (Quelle: Verlag Cagaloglu Eref Ef. Sok., No. 13, Istanbul 1924)

M 1.7 Was ein guter Muslim beachten muß (Quelle: Der Koran. Übersetzung von *Adel Theodor Khoury*. Unter Mitwirkung von *Muhammad Salim Abdullah*. Gütersloher Verlagshaus Gerd Mohn, Gütersloh, 2. Auflage 1992, S. 518 f.)

M 1.8 Frauen im Islam (Quellen: Bild 1: *E. Glassen*, in: Waren sie nur schön?, hrsg. v. *Barbara Schmitz* und *Ute Steffen*. Verlag Philipp von Zabern, Mainz 1987, S. 320); Bild 2: *Meral Akkent* und *Gabi Franger*: Das Kopftuch. Dagyeli Verlag, Frankfurt a. M. 1987, S. 50)

M 1.9 Die Stellung der Frau nach dem Koran (Quelle: Der Koran. Übersetzung von *Adel Theodor Koury*. Unter Mitwirkung von *Muhammad Salim Abdullah*. Gütersloher Verlagshaus Gerd Mohn. Gütersloh, 2. Auflage 1992, S. 58-74, 204 f., 264-267, 321)

M 1.10 Aussprüche Mohammeds über die Behandlung der Frauen (Quelle: Der Koran. Übersetzung von *Adel Theodor Koury*. Unter Mitwirkung von *Muhammad Salim Abdullah*. Gütersloher Verlagshaus Gerd Mohn, Gütersloh, 2. Auflage 1992, S. 530 f. und 538-540)

M 1.11 Mohammed und Chadidscha (Quelle: *Ibn Ishâk*: Das Leben des Propheten. Aus dem Arabischen übersetzt und bearbeitet von *Gernot Rotter*. Tübingen und Basel 1976, S. 37 f., gekürzt)

M 1.12 Arm und reich – die beiden Sindbade (Quelle: *E. Littmann*: Die Erzählungen aus Tausendundein Nächten, Bd. 4. Insel Verlag, Frankfurt a. M.1988, S. 97-102 und 201, gekürzt)

M 2.1 Karte: Die Ausbreitung des Islam bis 715 (Quelle: Geschichte und Gegenwart, Bd. 1, hrsg. v. *Hans Georg Kirchhoff* und *Klaus Lampe*. Verlag Ferdinand Schöningh, Paderborn 1990, S. 201)

M 2.2 Die Einnahme Alexandriens (Quelle: *Arnold Hottinger*: Die Araber. Atlantis Verlag, Zürich 1960, S. 47 f., gekürzt)

M 2.3 Der „Staat Allahs" und die Nicht-Muslime (Quelle: *Franz Täschner*, Geschichte der islamischen Welt. Alfred Kröner Verlag, Stuttgart 1967, S. 60-62, gekürzt)

M 2.4 Ein guter Rat für den Kalifen Harun al-Raschid (786-809) (Quelle: *Bernard Lewis*: Der Islam von den Anfängen bis zur Eroberung von Konstantinopel, Bd. 1. Unter Zugrundelegung der Originale. Artemis Verlag, Zürich und München 1978, S. 68-69, gekürzt)

M 2.5 Zwei Königinnen in Bagdad (Quelle: Nach einem arabischen Geschichtsschreiber – und Kontext nach *Wiebke Walther*: Die Frau im Islam. Edition Leipzig 1980 sowie Verlag Kohlhammer, Stuttgart, Berlin, Köln 1989, S. 83 f.)

M 2.6 Berichte aus aller Welt (Quelle: *Bernard Lewis*: Der Islam von den Anfängen bis zur Eroberung von Konstantinopel, Bd. 2. Unter Zugrundelegung der Originale. Artemis Verlag, Zürich und München 1978, S. 154-157, gekürzt)

M 2.7 Hafen von Aleppo (Holzschnitt aus der Kosmographie von *Thevet*, Paris 1575) (Quelle: Staatsarchiv Berlin, Bildarchiv)

M 2.8 Galeere des Glaubens (Quelle: *Cragg*, House of Islam, 3/Edition, Eucino, Cal 1972)

M 2.9 Der Löwe Allahs (Quelle: *Bernhard Lewis*: Die Welt des Islam. Westermann Schulbuchverlag, Braunschweig 1976)

M 2.10 Bilderverbot (Quelle: mündlich von türkischen Schülern berichtet)

M 2.11 Die Eroberung Spaniens (Quelle: *Bernhard Lewis*: Der Islam von den Anfängen bis zur Eroberung von Konstantinopel, Bd. 1. Unter Zugrundelegung der Originale. Artemis Verlag, Zürich und München 1978, S. 173-178, gekürzt)

M 2.12 Die Alhambra. Saal der zwei Schwestern und Löwenhof (Quelle des Fotos: *Arved von der Ropp*, aus *Oleg Grabar*: Die Alhambra. DuMont Buchverlag, Köln 1978, S. 113/114)

M 2.13 Islamische Gartenbaukunst (Quelle: *Oleg Grabar*: Die Alhambra. DuMont Buchverlag, Köln 1978, S. 113 f., gekürzt)

M 2.14 Garten in der Alhambra (Quelle des Fotos: *Arved von der Ropp*, aus *Oleg Grabar*: Die Alhambra. DuMont Buchverlag, Köln 1978, S. 113/114)

M 2.15 Vorschriften für die Muslime von Sevilla (12. Jahrhundert) (Quelle: *Bernhard Lewis*: Der Islam von den Anfängen bis zur Eroberung von Konstantinopel, Bd. 2. Unter Zugrundelegung der Originale. Artemis Verlag, Zürich und München 1978, S. 127-206, gekürzt.)

M 2.16 Karten: Die Reconquista (Aus dem dtv-Atlas zur Weltgeschichte, Band 1, von *Werner Hilgemann* und *Hermann Kinder*. © 1964 Deutscher Taschenbuch Verlag, München)

M 2.17 Der Fall Granadas (Quelle: *Washington Irving*: Die Alhambra. Steingrüben Verlag, Stuttgart 1963, S. 74-76, gekürzt)

M 3.1 Karte: Urheimat und Ausbreitung der Turkvölker (Quelle: *Josef Matuz*: Das Osmanische Reich. Grundlinien seiner Geschichte. Wissenschaftliche Buchgesellschaft, Darmstadt 1990, S. 323)

M 3.2 Die Mameluken: Türkische Sklaven als Herrscher über Ägypten (Quelle: *Bernhard Lewis*: Der Islam von den Anfängen bis zur Eroberung von Konstantinopel, Bd. 1. Unter Zugrundelegung der Originale. Artemis Verlag, Zürich und München 1978, S. 156-158, gekürzt)

M 3.3 Raziya, die Sklavensultanin von Delhi (Quelle: *Sayyid Fayyaz Mahmud*: Geschichte des Islam. Alle Rechte an der deutschsprachigen Ausgabe bei Wilhelm Goldmann Verlag GmbH, München 1973, S. 344 f., gekürzt)

M 3.4 *Benazir Bhutto* als pakistanische Oppositionsführerin (1992) (Quelle: FOCUS Photo- und Presseagentur; entnommen aus Der Spiegel, 15/1992, S. 194)

M 3.5 Die Eroberung Jerusalems durch die Kreuzfahrer (1099) (Quelle: Die Kreuzzüge aus arabischer Sicht. © Giulio Einaudi Editore S.p.A., Torino. Übersetzt von *Francesco Gabrieli*. Aus: dtv Nr. 4172, S. 49 f., gekürzt)

M 3.6 Kreuzritter (Quelle: *Erhard Gorys*: Das Heilige Land. DuMont Buchverlag, Köln 1984, S. 44 f.)

M 3.7 Saladin (Quelle: Die Kreuzzüge aus arabischer Sicht. © Giulio Einaudi Editore S.p.A., Torino. Übersetzt von *Francesco Gabrieli*. Aus: dtv Nr. 4172, S. 136-140, gekürzt, und *Bernard Lewis*: Der Islam von den Anfängen bis zur Eroberung von Konstantinopel, Bd. 1. Unter Zugrundelegung der Originale. Artemis Verlag, Zürich und München 1978, S. 119 f., gekürzt)

M 3.8 Saladin (Quelle: Archiv für Kunst und Geschichte, Berlin. Aus: *Erhard Gorys*: Das Heilige Land, DuMont Buchverlag, Köln 1984, S. 47)

M 3.9 Die Übergabe Jerusalems an Saladin (1187), (Quelle: Die Kreuzzüge aus arabischer Sicht. © Giulio Einaudi Editore S.p.A., Torino. Übersetzt von *Francesco Gabrieli*. Aus: dtv Nr. 4172, S. 206-212, gekürzt)

M 3.10 Karte: Jerusalem, die Heilige Stadt dreier Religionen (Quelle: *Erhard Gorys*: Das Heilige Land. DuMont Buchverlag, Köln 1984, S. 63)

M 3.11 Heilige Stätten der Juden, Christen und Muslime (Quellen der Fotos: Klagemauer und Felsendom © *Heinz-Josef Schmitz*; Grabeskirche © *Christel Gorys*. Aus: *Erhard Gorys*: Das Heilige Land. DuMont Buchverlag, Köln 1984, S. 148 und Umschlagbilder)

M 3.12 Die Mongolen kommen (Quelle: Die altosmanischen anonymen Chroniken, hrsg. v. d. Deutschen Morgenländischen Gesellschaft, Leipzig 1925-1928. Kraus Reprint Ltd, Nendeln/FL 1966, S. 49-51, gekürzt)

M 3.13 Mongolische Reiter (Quelle: *Feodorow Dawydow*: Die goldene Horde. Koehler & Amelang Verlagsgesellschaft, Leipzig 1972. Aus: „Damals". Damals Verlag, Gießen 1975, S. 977)

M 3.14 Der Fall Konstantinopels (Quelle: Byzantinische Geschichtsschreiber, Band 1. *Endre von Ivánka*: Die letzten Tage von Konstantinopel 1453. Verlag Styria, Graz, Wien, Köln, 4. Auflage 1973, S. 81-87, gekürzt)

M 3.15 Die Eroberung Konstantinopels 1453. Gemälde von *Tintoretto* (1518-1594), Venedig, Dogenpalast (Quelle: Bildarchiv Preußischer Kulturbesitz, Berlin. Aus: Informationen zur politischen Bildung, Heft 223, 1989, S. 3)

M 3.16 Vom christlichen Abendland im Stich gelassen (Quelle: Byzantinische Geschichtsschreiber, Band 1. *Endre von Ivánka*: Die letzten Tage von Konstantinopel 1453. Verlag Styria, Graz, Wien, Köln, 4. Auflage 1973, S. 92-95, gekürzt)

M 3.17 Sultan Mehmed II. (1451-1481) (Quelle: Österreichische Nationalbibliothek, Wien. Aus: Informationen zur politischen Bildung, Heft 223, 1989, S. 6)

M 4.1 Karte des Osmanischen Reiches bis 1683 (Quelle: *Adolf Böhm*. Aus: Informationen zur politischen Bildung, Heft 223, 1989, S. 6)

M 4.2 Die Janitscharen (Quelle: Quellen zur Geschichte der Neueren Zeit, hrsg. v. *Gottfried Guggenbühl* und *Hans C. Huber* (Quellen zur Allgemeinen Geschichte, Bd. 3). Schulthess Polygraphischer Verlag, Zürich, 3. Auflage 1965, S. 134-136, gekürzt)

M 4.3 Janitscharenoffiziere und -soldaten (Quelle: Österreichische Nationalbibliothek, Wien. Aus: Informationen zur politischen Bildung, Heft 223, 1989, S. 5)

M 4.4 Europäischer Soldat um 1700 (Quelle: Time Life International, Amsterdam/NL. Aus: *Charles Blitzer*: Söldner, Diener, Majestäten. Barocker Absolutismus. Rowohlt Verlag, Reinbek 1973, S. 162)

M 4.5 Der Harem – Realität und Vorstellung (Quellen: 1. Bildarchiv Preußischer Kulturbesitz, Berlin. Aus: Türkische Kunst aus osmanischer Zeit. Verlag Aurel Bongers, Recklinghausen, 2. Auflage 1985, Bd. 1, S. 196; 2. J. F. Lewis: The Harem, 1850. Aus: *Michelle Verrier*: The Orientalists. Academy Editions, London 1979, Bild Nr. 35)

M 4.6 „Auf, auf, ihr Christen!" (Quelle: Quellen zur Geschichte der Neueren Zeit, hrsg. v. *Gottfried Guggenbühl* und *Hans C. Huber* (Quellen zur Allgemeinen Geschichte, Bd. 3). Schulthess Polygraphischer Verlag, Zürich, 3. Auflage 1965, S. 228-230, gekürzt)

M 4.7 Geheimdiplomatie (Quelle: *Fritz Dickmann* (Hrsg.): Renaissance, Glaubenskämpfe, Absolutismus. Geschichte in Quellen, Nr. 263, gekürzt und verändert. Bayerischer Schulbuch-Verlag, München 1982)

M 4.8 Empfang des französichen Gesandten durch den Sultan 1724 (Quelle: zeitgenössisches Gemälde von *Jean-Baptiste VanMour*. © Cliche du Musée des Beaux-Arts de Bordeaux. Aus: Türkische Kunst und Kultur aus osmanischer Zeit. Verlag Aurel Bongers, Recklinghausen, 2. Auflage 1985, Tafel III)

M 4.9 Die Belagerung von Wien (Quelle: Kara Mustafa vor Wien. Das türkische Tagebuch der Belagerung Wiens 1683, hrsg. v. *Richard F. Kreutel* und *Karl Teply*. Osmanische Geschichtsschreiber, Bd. 1. Verlag Styria, Graz, Wien,Köln, 4. Auflage 1976, S. 32, 101-106, gekürzt)

M 4.10 Türkisches Zeltlager bei der ersten Belagerung Wiens 1529; Holzschnitt von Barthel Beham (Quelle: *Eberhard Orthband*: Bildbuch deutscher Geschichte. Pfahl-Verlag, Laupheim 1955, S. 342 f.)

M 4.11 Die türkische Niederlage (Quelle: Kara Mustafa vor Wien. Das türkische Tagebuch der Belagerung Wiens 1683, hrsg. v. *Richard F. Kreutel* und *Karl Teply*. Osmanische Geschichtsschreiber, Bd. 1. Verlag Styria, Graz, Wien, Köln, 4. Auflage 1976, S. 106-111, gekürzt)

M 4.12 „Unbesiegbare Husaren" (Quelle: *Jerzy Centkowski/Andrzej Syta*: Opowiadania z dziewów Polski. Wydawnictwa Szkolne i Pedagogiczne, Warszawa 1977, S. 74)

M 4.13 König Jan Sobieski beim Einzug in das befreite Wien. Gemälde von *Juljusz Kossak* (1824-1899) (Quelle: *Jerzy Centkowski/Andrzej Syta*: Opowiadania z dziewów Polski. Wydawnictwa Szkolne i Pedagogiczne, Warszawa 1977, S. 73)

M 4.14 Polnische Husaren im Angriff (Quelle: *Jerzy Centkowski/Andrzej Syta*: Opowiadania z dziewów Polski. Wydawnictwa Szkolne i Pedagogiczne, Warszawa 1977, S. 74)

M 4.15 Der Tod des Großwesirs (Quelle: Kara Mustafa vor Wien. Das türkische Tagebuch der Belagerung Wiens 1683, hrsg. v. *Richard F. Kreutel* und *Karl Teply*. Osmanische Geschichtsschreiber, Bd. 1. Verlag Styria, Graz, Wien, Köln, 4. Auflage 1976, S. 121-123, gekürzt)

M 5.1 Karte des Osmanischen Reiches 1683-1922 (Quelle: *Adolf Böhm*. Aus Informationen zur politischen Bildung, Heft 223, 1989, S. 6)

M 5.4 Die „Militärgrenze" (Quelle: *Eberhard Orthband*: Bildbuch deutscher Geschichte. Pfahl-Verlag, Laupheim 1955, S. 342 f.)

M 5.5 Karte der Militärgrenze (Quelle: *Joachim Zwick*. Aus: Informationen zur politischen Bildung aktuell, 1992, S. 4)

M 5.6 Nationalitäten im ehemaligen Jugoslawien (Quelle: *Joachim Zwick*. Aus: Informationen zur politischen Bildung aktuell, 1992, S. 13)

M 5.7 Der Bau des Suezkanals (Quelle: Quellen zur Geschichte der Neuesten Zeit, hrsg. v. *Gottfried Guggenbühl*, neu bearbeitet von *Hans C. Huber*. Quellen zur Allgemeinen Geschichte, Bd. 4. Schulthess Polygraphischer Verlag, Zürich, 4. Auflage 1966, S. 147 f., gekürzt)

G Quellennachweis

M 5.8 Modellzeichnungen des Suezkanals (Quelle: © The Mansell Collection Limited. Aus: *Nigel Hawkes*: Wunderwerke. Die großen Konstruktionen vom Amun-Tempel bis zum Astrodome. Südwest Verlag, München 1991, S. 140)

M 5.9 Warum Italien der Türkei 1911 den Krieg erklärte (Quelle: Quellen zur Geschichte der Neusten Zeit, hrsg. v. *Gottfried Guggenbühl*, neu bearbeitet von *Hans C. Huber*. Quellen zur Allgemeinen Geschichte, Bd. 4 Schulthess Polygraphischer Verlag, Zürich, 4. Auflage 1966, S. 277-279, gekürzt)

M 5.11 Türkische Tapferkeit (Quelle: Quellen zur Geschichte der Neuesten Zeit, hrsg. v. *Gottfried Guggenbühl*, neu bearbeitet von *Hans C. Huber*. Quellen zur Allgemeinen Geschichte, Bd. 4. Schulthess Polygraphischer Verlag, Zürich, 4. Auflage 1966, S. 280, gekürzt)

M 5.12 Alt- und Neustadt von Tunis (Quelle: *John Brennan*. © Andromeda Oxford Limited. Aus: *Francis Robinson*: Weltatlas der alten Kulturen: Der Islam. Christian Verlag, München 1982, S. 217)

M 5.13 Schiitische Geistliche (Ulema) bei einer Konferenz (Aus der Zeitschrift Mulla Nasreddin, Tiflis 1906, sowie aus: *Francis Robinson*: Weltatlas der alten Kulturen: Der Islam. Christian Verlag, München 1982, S. 146)

M 5.14 Großbritannien verhandelt mit Ägypten über die Gewährung einer eingeschränkten Souveränität (Aus der Zeitschrift Awadh Punch im nordindischen Lacknan, 1922)

M 5.16 Kemal Atatürk bei der Hochzeit seiner Adoptivtochter (Aus: *Francis Robinson*: Weltatlas der alten Kulturen: Der Islam. Christian Verlag, München 1982, S. 138)

M 5.17 Türkisches Plakat aus den Zwanziger Jahren (Quelle: © Andromeda Oxfod Limited. Aus: Francis Robinson: Weltatlas der alten Kulturen: Der Isalm. Christian Verlag, München 1982, S. 137)

M 5.18 Ägyptische Frauen (Zeichnungen aus der Illustrierten Frauen-Zeitung 1875)